AF455849

19 Octobre 1773. 431.

ORDONNANCE DU ROI,

CONCERNANT

LES RÉGIMENS PROVINCIAUX.

Du 19 Octobre 1773.

A PARIS,
DE L'IMPRIMERIE ROYALE.

M. DCCLXXIII.

90

ORDONNANCE
DU ROI,
CONCERNANT
LES RÉGIMENS PROVINCIAUX.

Du 19 Octobre 1773.

A PARIS,
DE L'IMPRIMERIE ROYALE.

M. DCCLXXIII.

19. Octobre 1773.

TABLE

Des Titres contenus dans la présente Ordonnance.

		Pages.
TITRE I.er	*Composition*	3
TITRE II.	*Habillement, Équipement & Armement*	14
TITRE III.	*Appointemens, Solde & tout autre Traitement*	19
TITRE IV.	*De la Levée*	29
TITRE V.	*Exemptions*	40
TITRE VI.	*Substitutions, Contributions ou Cotisations en faveur des Soldats-provinciaux*	49
TITRE VII.	*Assemblée des Régimens provinciaux*	53
TITRE VIII.	*Choix des Officiers*	64
TITRE IX.	*Crimes & Délits militaires, & Punitions contre les Déserteurs*	67
TITRE X.	*Priviléges & Avantages accordés aux Soldats-provinciaux*	71

19. Octobre 1773. 433.

ORDONNANCE DU ROI,

Concernant les Régimens Provinciaux.

Du 19 Octobre 1773.

DE PAR LE ROI.

SA MAJESTÉ voulant donner une forme solide & permanente aux régimens Provinciaux qu'Elle a créés par son Ordonnance du 4 août 1771, rapprocher, autant qu'il est possible, leur constitution de celle de l'Infanterie ancienne; proportionner à la force & à la population de chaque généralité, & aux obligations des provinces maritimes ou frontières, le nombre des bataillons qu'elles peuvent fournir, ainsi que la levée & le remplacement des hommes qui les composent; écarter de cette levée les abus qui s'y sont successivement introduits; en déterminer la forme de la manière la plus avantageuse au service, & la moins onéreuse aux peuples; encourager les bas Officiers & Soldats qui voudront s'attacher à ce service; & ramener l'affection des peuples vers le devoir le plus naturel, le plus légitime & le plus sacré, qui est celui du service que chaque citoyen doit à son Roi & à sa Patrie.

Dans ces différentes vues, Sa Majesté se seroit fait représenter toutes les Ordonnances rendues sur les Milices, & notamment celle du 25 février 1726, qui en prescrit l'établissement; celle du 29 novembre 1762, qui les licencie; celle du 27 novembre 1765, qui les remet sur pied; & celle du 4 août 1771, qui les forme en régimens Provinciaux: Et par le compte qu'Elle se seroit fait rendre de la forme qui a été usitée pour la levée des hommes du sort depuis l'établissement de la Milice, Elle auroit reconnu que dans plusieurs généralités, sous le prétexte spécieux de prévenir le *deficit*, on auroit levé une plus grande quantité d'hommes que celle qui avoit été ordonnée, ce qui auroit augmenté la charge des peuples, & multiplié les dépenses que ces tirages nécessitent: Que les Subdélégués chargés de présider à ces tirages, avoient permis trop inconsidérément aux Soldats du sort, de substituer à leur place des gens sans aveu, achetés souvent fort cher, & qui disparoissant bientôt, mettoient dans la nécessité de les remplacer au tirage suivant: Que les congés absolus accordés trop légèrement pendant la durée du service, avoient encore augmenté la même nécessité du remplacement: Qu'on avoit permis des cotisations trop considérables, qui sans tourner au profit réel de celui qui étoit censé les recevoir, étoit une imposition excessive sur ceux qui les payoient: Qu'en général les exemptions avoient été prodiguées avec trop de faveur : Et qu'enfin la somme de ces abus qui naissoient de la forme arbitraire & souvent despotique dont se faisoient les levées de la Milice, occasionnoit, sur-tout aux peuples de la campagne, une surcharge trop forte, & leur inspiroit une frayeur qui en faisoit fuir les jeunes gens.

Sa Majesté se seroit fait représenter de même l'état des garçons qui dans chaque généralité avoient tiré au sort, ou en avoient été exemptés dans les tirages faits en 1766, 1767, 1768 & 1769, en exécution de ladite Ordonnance du 27 novembre 1765 ; & par la comparaison de ces différens états avec ceux des hommes dont la levée a été ordonnée dans chaque généralité, Elle auroit vu que les levées n'étoient pas en proportion avec la population, & que quelques généralités étoient trop chargées, tandis que d'autres l'étoient moins.

A quoi voulant pourvoir, SA MAJESTÉ a ordonné & ordonne ce qui suit :

TITRE I.er

Composition.

ARTICLE PREMIER.

POUR régler la répartition des hommes que chaque province devra fournir pour la composition des régimens Provinciaux, eu égard à la population desdites provinces, Sa Majesté veut qu'à l'avenir les bataillons qui devront composer lesdits régimens Provinciaux soient distribués ainsi qu'il sera expliqué ci-après.

2.

L'INTENTION de Sa Majesté est que le nombre des

bataillons qui seront levés dans les provinces de son royaume, soient portés à l'avenir à cent onze, au lieu de cent quatre, relativement à la population des généralités qui les fourniront; lesquels cent onze bataillons formeront cinquante-trois régimens: Sept de ces régimens seront composés de trois bataillons chacun, Quarante-quatre de deux bataillons, & Deux d'un bataillon seulement, comme il sera réglé par l'article suivant.

3.

La généralité d'Amiens fournira à l'avenir deux mille huit cents quarante hommes, au lieu de deux mille cent trente, pour former deux régimens de deux bataillons chacun, sur le pied de sept cents dix hommes par bataillon. Ces deux régimens seront le régiment de Péronne & le régiment d'Abbeville; le régiment de *Péronne* sera le premier régiment Provincial, & le régiment d'*Abbeville* sera le second.

La province de Champagne ne fournira par la suite pour le régiment de Châlons, que quatorze cents vingt hommes, au lieu de deux mille cent trente, & il ne sera plus composé que de deux bataillons; le troisième bataillon devant être supprimé.

Le régiment de *Châlons* sera le troisième régiment Provincial.

Il continuera d'être fourni par la Champagne, quatorze cents vingt hommes pour les deux bataillons qui formeront le régiment de *Troyes*, lequel sera le quatrième régiment Provincial.

La généralité de Rouen ne fournira plus que quatorze cents vingt hommes, au lieu de deux mille cent trente, pour le régiment de Rouen, qui ne sera plus composé que de deux bataillons; le troisième bataillon devant être supprimé.

Le régiment de *Rouen* sera le cinquième régiment Provincial.

Il continuera d'être fourni par la généralité de Rouen, quatorze cents vingt hommes pour les deux bataillons du régiment de *Pont-Audemer*, lequel sera le sixième régiment.

La généralité de Caen fournira deux mille cent trente hommes pour les trois bataillons qui formeront le septième régiment, lequel portera le nom de *Caen*.

La généralité d'ALENÇON fournira quatorze cents vingt hommes pour les deux bataillons qui formeront le huitième régiment, lequel portera le nom d'*Alençon*.

Ladite généralité d'Alençon ne fournira plus que sept cents dix hommes, au lieu de quatorze cents vingt, pour le régiment d'Argentan; ce régiment ne devant plus être composé que d'un bataillon, & le second devant être supprimé.

Le régiment d'*Argentan* sera le neuvième régiment.

La généralité de MOULINS fournira quatorze cents vingt hommes pour les deux bataillons qui formeront le dixième régiment, lequel portera le nom de *Moulins*.

La généralité de CLERMONT fournira quatorze cents vingt hommes pour les deux bataillons qui formeront le onzième régiment, lequel portera le nom de *Clermont*.

La FLANDRE & le HAINAUT fourniront quatorze cents vingt hommes pour les deux bataillons qui formeront le douzième régiment, lequel portera le nom de *Lille*.

La généralité de MONTAUBAN fournira à l'avenir deux mille huit cents quarante hommes, au lieu de deux mille cent trente, pour former deux régimens de deux bataillons chacun. Ces deux régimens seront le régiment de Montauban & le régiment de Rhodès.

Le régiment de *Montauban* sera le treizième régiment, & le régiment de *Rhodès* sera le quatorzième.

Les généralités d'AUCH & de BAYONNE fourniront deux mille cent trente hommes pour les trois bataillons qui formeront le quinzième régiment, lequel portera le nom d'*Auch*.

La généralité de BORDEAUX fournira deux mille cent trente hommes, au lieu de quatorze cents vingt pour les trois bataillons dont sera composé à l'avenir le seizième régiment, lequel portera le nom de *Bordeaux*.

Ladite généralité de Bordeaux fournira quatorze cents vingt hommes pour les deux bataillons qui formeront le dix-ſeptième régiment, lequel portera le nom de *Marmande.*

Ladite généralité de Bordeaux fournira également quatorze cents vingt hommes pour les deux bataillons qui formeront le dix-huitième régiment, lequel portera le nom de *Périgueux.*

La généralité de POITIERS fournira quatorze cents vingt hommes pour le bataillon de Poitiers actuellement exiſtant, & pour le ſecond bataillon de Poitiers, dont ladite généralité ſera augmentée. Ces deux bataillons formeront le dix-neuvième régiment, lequel portera le nom de *Poitiers.*

Ladite généralité fournira également quatorze cents vingt hommes pour les deux bataillons qui formeront le vingtième régiment, lequel portera le nom de *Saint-Maixent.*

La généralité de LYON fournira quatorze cents vingt hommes pour les deux bataillons qui formeront le vingt-unième régiment, lequel portera le nom de *Lyon.*

La généralité de LA ROCHELLE fournira ſept cents dix hommes pour le bataillon qui formera le vingt-deuxième régiment, lequel portera le nom de la *Rochelle.*

La généralité de TOURS fournira deux mille cent trente hommes pour les trois bataillons qui formeront le vingt-troiſième régiment, lequel portera le nom de *Tours.*

Ladite généralité de Tours fournira également deux mille cent trente hommes, au lieu de quatorze cents vingt, pour les trois bataillons dont ſera compoſé à l'avenir le vingt-quatrième régiment, lequel portera le nom du *Mans.*

Le DAUPHINÉ fournira deux mille cent trente hommes, au lieu de quatorze cents vingt, pour les trois bataillons dont ſera compoſé à l'avenir le vingt-cinquième régiment, lequel portera le nom de *Valence.*

La ville de PARIS fournira quatorze cents vingt hommes, au lieu de ſept cents dix, pour le bataillon de Paris actuellement exiſtant, & pour le ſecond bataillon dont ladite ville ſera augmentée; Sa Majeſté ſe réſervant de faire connoître ſes intentions ſur la levée dudit bataillon par une Ordonnance particulière. Ces deux bataillons formeront le vingt-sixième régiment, qui portera le nom de *Paris*.

La généralité de Paris fournira deux mille cent trente hommes, au lieu de quatorze cents vingt, pour les trois bataillons dont sera composé à l'avenir le vingt-septième régiment, lequel portera le nom de *Senlis*.

Ladite généralité de Paris fournira quatorze cents vingt hommes pour les deux bataillons qui formeront le vingt-huitième régiment, lequel portera le nom de *Mantes*.

Ladite généralité de Paris fournira également quatorze cents vingt hommes pour les deux bataillons qui formeront le vingt-neuvième régiment, lequel portera le nom de *Sens*.

La généralité de SOISSONS fournira quatorze cents vingt hommes pour le premier bataillon actuellement existant, & pour le second bataillon de Soissons dont cette généralité sera augmentée. Ces deux bataillons formeront le trentième régiment, lequel portera le nom de *Soissons*.

Ladite généralité de Soissons fournira également quatorze cents vingt hommes pour les deux bataillons qui formeront le trente-unième régiment, lequel portera le nom de *Laon*.

La généralité de LIMOGES fournira quatorze cents vingt hommes pour les deux bataillons qui formeront le trente-deuxième régiment, lequel portera le nom de *Limoges*.

La généralité d'ORLÉANS fournira quatorze cents vingt hommes pour les deux bataillons qui formeront le trente-troisième régiment, lequel portera le nom de *Blois*.

Ladite généralité d'ORLÉANS fournira également quatorze cents vingt hommes pour les deux bataillons qui formeront le trente-quatrième régiment, lequel portera le nom de *Montargis*.

La BRETAGNE fournira quatorze cents vingt hommes pour les deux bataillons qui formeront le trente-cinquième régiment, lequel portera le nom de *Rennes*.

La Bretagne fournira quatorze cents vingt hommes pour les deux bataillons qui formeront le trente-sixième régiment, lequel portera le nom de *Nantes.*

La Bretagne fournira également quatorze cents vingt hommes pour les deux bataillons qui formeront le trente-septième régiment, lequel portera le nom de *Vannes.*

La LORRAINE fournira quatorze cents vingt hommes pour les deux bataillons qui formeront le trente-huitième régiment, lequel portera le nom de *Nanci.*

La Lorraine fournira également quatorze cents vingt hommes pour les deux bataillons qui formeront le trente-neuvième régiment, lequel portera le nom de *Bar-le-Duc.*

Le PAYS MESSIN fournira quatorze cents vingt hommes pour les deux bataillons qui formeront le quarantième régiment, lequel portera le nom de *Verdun.*

L'ARTOIS fournira quatorze cents vingt hommes pour les deux bataillons qui formeront le quarante-unième régiment, lequel portera le nom d'*Arras.*

La généralité de BOURGES fournira quatorze cents vingt hommes pour les deux bataillons qui formeront le quarante-deuxième régiment, lequel portera le nom de *Châteauroux.*

L'ALSACE fournira quatorze cents vingt hommes pour les deux bataillons qui formeront le quarante-troisième régiment, lequel portera le nom de *Colmar.*

Le DUCHÉ DE BOURGOGNE fournira quatorze cents vingt hommes pour les deux bataillons qui formeront le quarante-quatrième régiment, lequel portera le nom de *Dijon.*

Le duché de Bourgogne fournira également quatorze cents vingt hommes, au lieu de deux mille cent trente, pour le régiment d'Autun, lequel ne sera plus composé que de deux bataillons, le troisième bataillon devant être supprimé.

Le régiment d'*Autun* sera le quarante-cinquième régiment.

Le LANGUEDOC fournira quatorze cents vingt hommes pour le premier bataillon actuellement existant, & pour le second bataillon de Montpellier, dont cette province sera augmentée. Ces deux bataillons

19. Octobre 1773.

bataillons formeront le quarante-sixième régiment, lequel portera le nom de *Montpellier.*

Le Languedoc fournira quatorze cents vingt hommes pour les deux bataillons qui formeront le quarante-septième régiment, lequel portera le nom de *Bésiers.*

Le Languedoc fournira quatorze cents vingt hommes pour les deux bataillons qui formeront le quarante-huitième régiment, lequel portera le nom d'*Alby.*

Le Languedoc fournira également quatorze cents vingt hommes pour les deux bataillons qui formeront le quarante-neuvième régiment, lequel portera le nom d'*Anduse.*

Le COMTÉ DE BOURGOGNE fournira quatorze cents vingt hommes pour les deux bataillons qui formeront le cinquantième régiment, lequel portera le nom de *Salins.*

Le comté de Bourgogne fournira quatorze cents vingt hommes pour les deux bataillons dont sera composé à l'avenir le cinquante-unième régiment, lequel portera le nom de *Dôle.*

Ledit comté de Bourgogne fournira également quatorze cents vingt hommes pour les deux bataillons qui formeront le cinquante-deuxième régiment, lequel portera le nom de *Vésoul.*

Enfin la PROVENCE fournira quatorze cents vingt hommes pour les deux bataillons d'Aix, qui formeront le cinquante-troisième régiment, lequel portera le nom d'*Aix.*

L'intention de Sa Majesté est que les augmentations ou diminutions qui sont réglées par le présent article, dans différentes provinces, soient réparties dans chacune desdites provinces, de façon que les villes, bourgs & villages qui en dépendent, participent également & en proportion de leur population, à la diminution ou à l'augmentation ci-dessus ordonnée; voulant aussi Sa Majesté que les régimens de la même généralité, soient formés par les bataillons les plus rapprochés les uns des autres.

La totalité des hommes désignés ci-dessus pour chaque généralité, ne sera cependant levée que conformément à l'article I.er du titre IV de la présente Ordonnance.

4.

LESDITS régimens Provinciaux marcheront entr'eux, ainsi qu'ils sont dénommés dans l'article précédent, & avant les régimens d'Infanterie créés depuis le 25 février 1726, époque de l'établissement des Milices.

Le régiment provincial de Corse subsistera tel qu'il a été établi par l'Ordonnance du 23 août 1772, que Sa Majesté a rendue à cet égard.

5.

CHACUN des bataillons de ces cinquante-trois régimens, sera composé de huit compagnies, dont une de Grenadiers-royaux, une de Grenadiers-provinciaux, & six de Fusiliers.

6.

CHAQUE compagnie de Grenadiers-royaux & de Grenadiers-provinciaux, sera commandée par un Capitaine, un Lieutenant & un second Lieutenant; & composée d'un Fourrier, deux Sergens, quatre Caporaux, quatre Appointés, quarante Grenadiers & un Tambour, faisant cinquante-deux hommes.

7.

CHAQUE compagnie de Fusiliers sera commandée par un Capitaine & un Lieutenant; & composée d'un Fourrier, trois Sergens, six Caporaux, six Appointés, trente-six Fusiliers & un Tambour, faisant cinquante-trois hommes.

8.

LES quatre Caporaux, les quatre Appointés & les quarante

Grenadiers, formeront quatre escouades de douze hommes chacune, y compris le Caporal & l'Appointé qui en seront les chefs continuels, l'Appointé étant subordonné au Caporal.

Les six Caporaux, les six Appointés & les trente-six Fusiliers, formeront six escouades de huit hommes chacune, dont un Caporal & un Appointé.

Les escouades de Grenadiers se formeront par files, & leur formation sera exécutée de la manière qui est prescrite pour les compagnies de Grenadiers de l'Infanterie, par les articles 21 & 22 de l'Ordonnance du 19 juin 1771.

Les escouades de Fusiliers se formeront par rang, & les Fusiliers seront placés dans les escouades par rang d'ancienneté; de sorte que les six premiers Fusiliers formeront la première escouade, les six qui les suivent formeront la seconde, & ainsi des autres, conformément à ce qui a été réglé par les articles 8 & 9 de ladite Ordonnance du 19 juin 1771.

Veut Sa Majesté, que les dispositions contenues dans ladite Ordonnance, soient appliquées aux régimens de Grenadiers-royaux & régimens Provinciaux, non-seulement pendant leur séjour dans les quartiers où ils seront assemblés, mais encore lorsqu'ils seront détachés sur les frontières, ou employés dans les armées.

9.

L'ÉTAT-MAJOR de chacun des cinquante-trois régimens Provinciaux, sera composé d'un Colonel, un Lieutenant-Colonel, un Major, d'autant d'Aides-major qu'il y aura de bataillons à chaque régiment, & de deux Enseignes aussi par bataillon.

10.

LES cent onze compagnies de Grenadiers-royaux desdits

régimens, formeront douze régimens de Grenadiers-royaux.

L'État-major de chacun de ces régimens sera composé d'un Colonel, un Lieutenant-colonel, un Major & un Aide-major. Ces régimens n'auront point de drapeaux, il y sera établi pendant la guerre seulement un Aumônier & un Chirurgien.

II.

LESDITS régimens de Grenadiers-royaux seront composés des compagnies de Grenadiers-royaux ci-après.

Les trois compagnies du régiment d'Auch, les trois de celui de Bordeaux, les deux de celui de Marmande & les deux de celui de Périgueux, formant dix compagnies, composeront le premier régiment qui portera le nom de *Grenadiers-royaux de la Guyenne.*

Les deux compagnies du régiment de Poitiers, les deux de celui de Saint-Maixent, les deux de celui de Montauban, les deux de celui de Rhodès & celle du régiment de la Rochelle, formant neuf compagnies, composeront le second régiment, qui portera le nom de régiment de *Grenadiers-royaux du Poitou.*

Les trois compagnies du régiment de Tours, les trois de celui du Mans, les deux de celui de Châteauroux & les deux de celui de Limoges, formant dix compagnies, composeront le troisième régiment, qui portera le nom de régiment de *Grenadiers-royaux de la Touraine.*

Les trois compagnies du régiment de Valence, les deux de celui de Clermont, les deux de celui de Lyon & les deux de celui d'Autun, formant neuf compagnies, composeront le quatrième régiment, qui portera le nom de *Grenadiers-royaux du Dauphiné.*

Les trois compagnies du régiment de Senlis, les deux de celui de Mantes, les deux de celui de Sens, les deux de celui de Paris & celle du régiment d'Argentan, formant dix compagnies, composeront le cinquième régiment, qui portera le nom de *Grenadiers-royaux de l'Isle-de-France.*

19. Octobre 1773.

Les deux compagnies du régiment de Châlons, les deux de celui de Troyes, les deux de celui de Soissons, les deux de celui de Laon & les deux de celui de Pont-Audemer, formant dix compagnies, composeront le sixième régiment, qui portera le nom de *Grenadiers-royaux du Soissonnois.*

Les deux compagnies du régiment de Blois, les deux de celui de Montargis, les deux de celui de Moulins & les deux de celui d'Alençon, formant huit compagnies, composeront le septième régiment, qui portera le nom de *Grenadiers-royaux de l'Orléanois.*

Les deux compagnies du régiment de Rennes, les deux de celui de Nantes, les deux de celui de Vannes & les trois du régiment de Caen, formant neuf compagnies, composeront le huitième régiment, qui portera le nom de *Grenadiers-royaux de la Bretagne.*

Les deux compagnies du régiment de Colmar, les deux de celui de Nanci, les deux de celui de Bar-le-Duc & les deux de celui de Verdun, formant huit compagnies, composeront le neuvième régiment, qui portera le nom de *Grenadiers-royaux de la Lorraine.*

Les deux compagnies du régiment de Lille, les deux de celui de Péronne, les deux de celui d'Abbeville, les deux de celui d'Arras & les deux de celui de Rouen, formant dix compagnies, composeront le dixième régiment, qui portera le nom de *Grenadiers-royaux de l'Artois.*

Les deux compagnies du régiment de Montpellier, les deux de celui de Bésiers, les deux de celui d'Alby, les deux de celui d'Anduse & les deux de celui d'Aix, formant dix compagnies, composeront le onzième régiment, qui portera le nom de *Grenadiers-royaux du Languedoc.*

Les deux compagnies du régiment de Salins, les deux de celui de Dôle, les deux de celui de Vésoul & les deux de celui de Dijon, formant huit compagnies, composeront le douzième régiment, qui portera le nom de *Grenadiers-royaux du comté de Bourgogne.*

12.

LESDITS régimens de Grenadiers-royaux, précèderont tous les régimens Provinciaux, ainsi que tous les autres régimens créés depuis le 25 février 1726; & le rang des Officiers entr'eux, tant des régimens de Grenadiers-royaux que des régimens Provinciaux, sera réglé par la date de leurs commissions, lettres ou brevets, dans quelques Corps qu'ils aient servi; mais ceux qui auront une interruption volontaire de plus d'un an dans leur service, prendront rang seulement du jour qu'ils entreront dans lesdits régimens.

13.

LES bataillons d'un même régiment, seront désignés par premier, second & troisième bataillon, ainsi qu'ils le sont dans les autres troupes d'Infanterie.

TITRE II.

Habillement, Équipement & Armement.

ARTICLE PREMIER.

L'HABIT des Officiers & Soldats des régimens de Grenadiers-royaux & des régimens Provinciaux, sera, ainsi qu'il a été réglé précédemment, de drap blanc, & aura des revers blancs. Le collet & les paremens seront bleus, poche ordinaire avec quatre boutons, les deux du milieu plus rapprochés; six boutons aux revers, de deux en deux; quatre au-dessous de même, & quatre sur le parement, aussi de deux en deux. Les boutons des régimens Provinciaux seront timbrés par la suite de deux numéros, le premier du rang qui est réglé auxdits régimens dans l'Infanterie, & le second plus petit sur le même bouton, du rang qu'ils ont entr'eux, conformément au titre premier de la présente Ordonnance: Entend cependant Sa Majesté que cette disposition ne puisse avoir lieu que lorsqu'Elle jugera à propos de faire renouveler

19. Octobre 1778 	440.

l'habillement actuellement existant. Le chapeau sera bordé d'argent pour les Fourriers & Sergens, & de fil blanc pour les Caporaux, Appointés, Soldats & Tambours.

2.

LES boutons des Officiers & des Grenadiers des régimens de Grenadiers-royaux, seront également blancs, timbrés d'une grenade au milieu, gaudronnés de cinq fleurs-de-lys, à distances égales, & d'une chaînette intermédiaire. Ils seront aussi timbrés de deux numéros, l'un du rang qui leur est réglé dans l'Infanterie, & l'autre du rang que lesdits régimens de Grenadiers-royaux ont entr'eux, conformément au titre premier de la présente Ordonnance.

3.

LES Officiers de Grenadiers & les Grenadiers, auront une épaulette distinctive; savoir, ceux du régiment de Grenadiers-royaux de la Guyenne, une épaulette de couleur bleue; ceux du Poitou, de couleur rouge-garence; ceux de la Touraine, de couleur rouge & verte; ceux du Dauphiné, de couleur violette; ceux de l'Isle-de-France, de couleur aurore; ceux du Soissonnois, de couleur bleue & blanche; ceux de l'Orléanois, de couleur verte; ceux de la Bretagne, de couleur noire; ceux de la Lorraine, de couleur rouge & blanche; ceux de l'Artois, de couleur jaune & blanche; ceux du Languedoc, de couleur rouge & noire; & ceux du comté de Bourgogne, de couleur verte & blanche.

4.

LESDITS régimens de Grenadiers-royaux & régimens Provinciaux, se conformeront exactement, pour les marques distinctives attribuées aux différens grades, à ce que Sa Majesté a réglé précédemment pour les troupes d'Infanterie.

5.

Sa Majesté donnera ses ordres pour faire remettre aux Trésoriers des provinces, par les Paroisses, les fonds destinés au petit équipement de chaque Soldat-provincial, comme il est expliqué par les articles 11 & 12 du titre III de la présente Ordonnance; & son intention est que les sommes provenantes desdits fonds, soient remises aux États-majors des régimens Provinciaux, qui seront chargés à l'avenir de pourvoir chaque Soldat-provincial de nouvelle levée, d'un chapeau, une veste, une paire de souliers, une paire de guêtres, deux chemises de toile, un havresac, un col de crépon noir & un ruban pour les cheveux; le tout conforme aux différens modèles desdits effets, qui leur seront adressés par le Secrétaire d'État ayant le département de la guerre, auquel lesdits Majors seront tenus d'adresser un double des marchés qu'ils auront passés pour lesdites fournitures.

6.

Veut Sa Majesté que les Officiers de l'État-major de chaque régiment, soient chargés, de concert avec le Commissaire des guerres qui en aura la police, de l'administration de la Masse qui sera formée, tant des sommes qui leur seront remises pour le petit équipement, que des trois livres remises également par les paroisses pour chaque Soldat de nouvelle levée, ainsi que des sept livres réglées pour procurer une chemise & une paire de souliers aux bas Officiers & Soldats des levées précédentes, conformément aux articles 11 & 12 du titre III de la présente Ordonnance. Sa Majesté ordonne qu'à cet effet il soit tenu par le Major un état de recette & de dépense de ladite Masse, qui sera signé & certifié par le Commandant du régiment & par le Major, & visé par le

Commissaire

Commissaire des guerres, pour ledit état être présenté à l'Inspecteur lors de sa revue; lequel, après avoir examiné les fournitures, donnera la main-levée des sommes qui auront été employées audit équipement, s'il le trouve convenable. L'Inspecteur se fera remettre un double dudit état, signé & certifié par le Commandant & le Major, visé du Commissaire des guerres, & qu'il approuvera pour être joint à sa revue & adressé au Secrétaire d'État ayant le département de la guerre, avec ladite revue.

7.

L'INTENTION de Sa Majesté est que, conformément aux dispositions de l'article 12 du titre III de la présente Ordonnance, il soit fourni, à chaque assemblée des régimens Provinciaux, une chemise & une paire de souliers à chacun des bas Officiers, Grenadiers & Soldats desdits régimens, des levées précédentes à l'assemblée; & que cette dépense soit faite par les soins de l'État-major, sur la Masse établie par l'article précédent, pour le petit équipement desdits bas Officiers, Grenadiers & Soldats.

8.

LES Capitaines ne seront pas chargés de l'entretien & des réparations de l'habillement, équipement & armement; Sa Majesté se réservant de donner des ordres particuliers pour que lesdites réparations soient faites à mesure qu'il sera jugé nécessaire, & sur les états de situation qui seront envoyés par les Inspecteurs au Secrétaire d'État ayant le département de la guerre.

9.

LES effets qui se trouveront manquer à chaque compagnie ou qui seroient détériorés, seront remplacés ou réparés aux frais des trois Chefs de l'État-major qui, par les fonctions qui leur sont confiées, sont tenus de veiller à la conservation desdits effets & à la remise exacte qui en doit être faite au magasin. Les Commissaires des guerres en formeront un état, qu'ils adresseront au Secrétaire d'État ayant le département de la guerre, afin qu'il soit procédé au remplacement des parties qui manqueront & aux réparations de celles qui en seront susceptibles.

Les vêtemens dont les Soldats seront pourvus lors de leur arrivée, devant être réservés, comme il est expliqué par l'article 3 du titre VII, leur seront remis à la séparation desdits régimens, après qu'ils auront déposé au magasin les effets appartenans à Sa Majesté; à la réserve cependant d'une chemise & d'une paire de souliers qu'ils emporteront, comme il est réglé par l'article 6 du présent titre.

10.

SUR les représentations qui ont été faites à Sa Majesté, que plusieurs bas Officiers, Grenadiers & Soldats des régimens Provinciaux, desiroient conserver des marques de leur service dans lesdits régimens, Elle veut bien permettre auxdits bas Officiers, Grenadiers & Soldats, de se faire faire des uniformes tels qu'ils sont réglés par la présente Ordonnance, pour les porter dans leurs paroisses tout le temps qu'ils seront attachés auxdits régimens; défendant à tout autre de porter ledit uniforme, sous peine d'être arrêté & mis en prison: Sa Majesté ordonnant aux brigades de Maréchaussées, de tenir la main à l'exécution du présent article; & aux Officiers de Maréchaussées, d'informer sur le champ le Secrétaire d'État ayant le département de la guerre, de ceux qu'ils auront arrêtés se trouvant en contravention, pour recevoir des ordres sur la punition qu'ils devront subir.

II.

SA MAJESTÉ donnera des ordres pour faire fournir auxdits régimens de Grenadiers-royaux & régimens Provinciaux, l'équipement & l'armement convenable; son intention étant qu'il soit fourni des sabres aux compagnies de Grenadiers-royaux & provinciaux.

TITRE III.

Appointemens, Solde & tout autre Traitement.

ARTICLE PREMIER.

L'INTENTION de Sa Majesté est que les appointemens & solde des régimens de Grenadiers-royaux & des régimens Provinciaux, leur soient payés pendant le temps qu'ils seront employés; sur le pied,

SAVOIR:

Compagnies *e GRENADIERS-ROYAUX.*	EN GARNISON.			EN CAMPAGNE.		
	Par jour.	Par mois.	Par an.	Par jour.	Par mois.	Par an.
Le Capitaine, quatre livres par ir en garnison; & cinq livres onze is un denier un tiers en campgne, ci.	4^{l} ″^{s} ″^{d}	120^{l} ″^{s} ″^{d}	1440^{l}	5^{l} 11^{s} 1$^{d}\frac{1}{3}$	166^{l} 13^{s} 4^{d}	2000^{l}
Le Lieutenant, une livre seize is par jour en garnison; & deux res dix sous en campagne, ci...	1. 16. ″	54. ″ ″	648.	2. 10. ″	75. ″ ″	900.
Le second Lieutenant, une livre : sous huit deniers par jour en rnison; & une livre treize sous atre deniers en campagne, ci...	1. 6. 8	40. ″ ″	480.	1. 13. 4	50. ″ ″	600.
Le Fourrier, treize sous quatre niers par jour en garnison; & ize sous huit deniers en campgne, ci.	″ 13. 4	20. ″ ″	240.	″ 13. 8	20. 10. ″	246.

	EN GARNISON.			EN CAMPAGNE.		
	Par jour.	Par mois.	Par an.	Par jour.	Par mois.	Par an
Chaque Sergent, douze sous quatre deniers par jour en garnison; & douze sous huit deniers en campagne, ci.	#^{l} 12^{s} 4^{d}	18^{l} 10^{s} #^{d}	222^{l}	#^{l} 12^{s} 8^{d}	19^{l} #^{s} #^{d}	22
Chaque Caporal, huit sous huit deniers par jour en garnison; & neuf sous en campagne, ci.	# 8. 8	13. # #	156.	# 9. #	13. 10. #	16
Chaque Appointé, sept sous huit deniers par jour en garnison; & huit sous en campagne, ci. . .	# 7. 8	11. 10. #	138.	# 8. #	12. # #	14
Chaque Grenadier-royal, six sous huit deniers par jour en garnison; & sept sous en campagne, ci.	# 6. 8	10. # #	210.	# 7. #	10. 10. #	12
Le Tambour, huit sous huit deniers par jour en garnison; & neuf sous en campagne, ci.	# 8. 8	13. # #	156.	# 9. #	13. 10. #	16
Compagnies de GRENADIERS-PROVINCIAUX.						
Le Capitaine, trois livres dix sous par jour en garnison; & quatre livres trois sous quatre deniers en campagne, ci.	3. 10. #	105. # #	1260.	4. 3. 4	125. # #	150
Le Lieutenant, une livre dix sous par jour en garnison; & une livre treize sous quatre deniers en campagne, ci.	1. 10. #	45. # #	540.	1. 13. 4	50. # #	60
Le second Lieutenant, une livre cinq sous par jour en garnison; & une livre dix sous en campagne, ci.	1. 5. #	37. 10. #	450.	1. 10. #	45. # #	54
Le Fourrier, douze sous quatre deniers par jour en garnison; & douze sous huit deniers en campagne, ci.	# 12. 4	18. 10. #	222.	# 12. 8	19. # #	22
Chaque Sergent, onze sous quatre deniers par jour en garnison; & onze sous huit deniers en campagne, ci.	# 11. 4	17. # #	204.	# 11. 8	17. 10 #	21
Chaque Caporal, sept sous huit						

19. Octobre 1773.

	EN GARNISON.			EN CAMPAGNE.		
	Par jour.	Par mois.	Par an.	Par jour.	Par mois.	Par an.
niers par jour en garnison; & it sous en campagne, ci......	″l 7s 8d	11l 10s ″d	138l	″l 8s ″d	12l ″s ″d	144l
Chaque Appointé, six sous huit niers par jour en garnison; & ot sous en campagne, ci......	″ 6. 8	10. ″ ″	120.	″ 7. ″	10. 10. ″	126.
Chaque Grenadier-provincial, nq sous huit deniers par jour en rnison; & six sous en campagne, ...	″ 5. 8	8. 10. ″	102.	″ 6. ″	9. ″ ″	108.
Le Tambour, sept sous huit niers par jour en garnison; & it sous en campagne, ci......	″. 7. 8	11. 10. ″	138.	″. 8. ″	12. ″. ″	144.
ompagnies de FUSILIERS.						
Le Capitaine, trois livres cinq is par jour en garnison; & trois res six sous huit deniers en campgne, ci................	3. 5. ″	97. 10. ″	1170.	3. 6. 8	100. ″ ″	1200.
Le Lieutenant, une livre six sous it deniers par jour en garnison; une livre dix sous en campagne, ...	1. 6. 8	40. ″ ″	480.	1. 10. ″	45. ″ ″	540.
Le Fourrier, douze sous quatre niers par jour en garnison; & uze sous huit deniers en campgne, ci................	″ 12. 4	18. 10. ″	222.	″ 12. 8	19. ″ ″	228.
Chaque Sergent, onze sous atre deniers par jour en garnison; onze sous huit deniers en campgne, ci................	″ 11. 4	17. ″ ″	204	″ 11. 8	17. 10. ″	210.
Chaque Caporal, sept sous huit niers par jour en garnison; & it sous en campagne, ci......	″ 7. 8	11. 10. ″	138.	″ 8. ″	12. ″ ″	144.
Chaque Appointé, six sous huit niers par jour en garnison; & ot sous en campagne, ci......	″ 6. 8	10. ″ ″	120	″ 7. ″	10. 10. ″	126.
Chaque Fusilier, cinq sous huit niers par jour en garnison; & six us en campagne, ci.........	″ 5. 8	8. 10. ″	102.	″ 6. ″	9. ″ ″	108.

	EN GARNISON.			EN CAMPAGNE.		
	Par jour.	Par mois.	Par an.	Par jour.	Par mois.	Par an.
Le Tambour, sept sous huit deniers par jour en garnison; & huit sous en campagne, ci......	″ l. 7 s. 8 d.	11 l. 10 s. ″ d.	138 l.	″ l. 8 s. ″ d.	12 l. ″ s. ″ d.	144 l.
ÉTAT-MAJOR *des Régimens* *de* GRENADIERS-ROYAUX.						
Le Colonel de chaque régiment de Grenadiers-royaux, huit livres six sous huit deniers par jour en garnison; & seize livres treize sous quatre deniers en campagne, ci...	8. 6. 8	250. ″ ″	3000.	16. 13. 4	500. ″ ″	6000.
Le Lieutenant-colonel, six livres dix-huit sous dix deniers deux tiers par jour en garnison; & treize livres dix-sept sous neuf deniers un tiers en campagne, ci...	6. 18. $10\frac{2}{3}$	208. 6. 8	2500.	13. 17. $9\frac{1}{3}$	416. 13. 4	5000.
Le Major, cinq livres onze sous un denier un tiers par jour en garnison; & onze livres deux sous deux deniers deux tiers en campagne, ci.	5. 11. $1\frac{1}{3}$	166. 13. 4	2000.	11. 2. $2\frac{2}{3}$	333. 6. 8	4000.
L'Aide-major, trois livres par jour en garnison; & quatre livres trois sous quatre deniers en campagne, ci................	3. ″ ″	90. ″ ″	1080.	4. 3. 4	125. ″ ″	1500.
L'Aumônier qui sera attaché à chaque régiment en campagne, aura une livre sept sous neuf deniers un tiers par jour, ci............	....	....	......	1. 7. $9\frac{1}{3}$	41. 13. 4	500.
Le Chirurgien qui sera employé pour le même temps, une livre sept sous neuf deniers un tiers par jour, ci....................	....	....	......	1. 7. $9\frac{1}{3}$	41. 13. 4	500.
ÉTAT-MAJOR *des* RÉGIMENS PROVINCIAUX.						
Le Colonel de chaque régiment Provincial, cinq livres onze sous						

19. Octobre 1775. 444

	EN GARNISON.			EN CAMPAGNE.		
	Par jour.	Par mois.	Par an.	Par jour.	Par mois.	Par an.
n denier un tiers par jour en garnison ; & onze livres deux sous deux eniers deux tiers en campagne, ci.	5l 11s 1d 1/3	166l 13s 4	2000l	11l 2s 2d 2/3	333l 6s 8d	4000.
Le Lieutenant-colonel, six livres eize sous quatre deniers par jour n garnison ; & dix livres en camagne, ci................	6. 13. 4	200. " "	2400.	10. " "	300. " "	3600.
Le Major, cinq livres par jour en arnison, & six livres treize sous uatre deniers en campagne, ci...	5. " "	150. " "	1800.	6. 13. 4	200. " "	2400.
Chaque Aide-major, deux livres ix sous par jour en garnison ; & ois livres six sous huit deniers en ampagne, ci..............	2. 10. "	75. " "	900.	3. 6. 8	100. " "	1200.
Chaque Enseigne, une livre par our en garnison ; & une livre cinq ous en campagne, ci........	1. " "	30. " "	360.	1. 5. "	37. 10. "	450.

2.

Lesdits régimens seront payés des appointemens & solde ci-dessus réglés, pendant le temps de leur assemblée; voulant au surplus Sa Majesté, que la paye de campagne ne soit donnée qu'à ceux desdits régimens qui serviront en campagne, à commencer du jour de leur arrivée à l'armée; & que ceux qui demeureront en garnison pendant la guerre, ne touchent que la paye réglée en garnison.

3.

Entend Sa Majesté qu'au moyen de la paye ci-dessus réglée pour les Tambours, tant des compagnies de Grenadiers que de celles de Fusiliers, ils soient tenus d'entretenir leurs caisses de peaux & de cordages, & de se fournir de baguettes.

4.

LES Capitaines ſupporteront ſur leurs appointemens, la totalité de la retenue des quatre deniers pour livre de la ſolde des Sergens, Grenadiers & Soldats de leur compagnie; & il ne ſera fait aucune déduction pour raiſon de ladite retenue, ſur la ſolde réglée aux Fourriers, Sergens, Caporaux, Appointés, Grenadiers, Fuſiliers & Tambours des régimens Provinciaux : Enjoint Sa Majeſté aux Colonels, Lieutenans-colonels & Majors, de veiller à ce qu'il ne ſoit fait aucun tort auxdits Soldats, & d'informer le Secrétaire d'État ayant le département de la guerre, de ce qui pourroit arriver en cela de contraire aux intentions de Sa Majeſté, pour y être pourvu.

5.

LES Officiers qui compoſent l'État-major des régimens de Grenadiers-royaux & des régimens Provinciaux, à la réſerve cependant des Enſeignes, ſeront payés toute l'année, des appointemens qui leur ſont fixés en garniſon.

6.

ENTEND Sa Majeſté que tous les Officiers deſdits régimens, reçoivent, indépendamment de leurs appointemens pendant le temps de l'aſſemblée, quinze jours deſdits appointemens, pour les dédommager des frais de voyage pour ſe rendre au quartier d'aſſemblée, & quinze autres jours après ladite aſſemblée, pour leur donner les moyens de ſe retirer chez eux.

7.

VEUT auſſi Sa Majeſté que pendant le temps que leſdits régimens reſteront dans les provinces, il ſoit payé un mois d'appointemens aux Capitaines, Lieutenans & ſeconds Lieutenans des compagnies de Grenadiers-royaux & Provinciaux, de

19 · Octobre 1773

de même qu'aux Capitaines seulement des compagnies de Fusiliers; & que le décompte leur en soit fait ainsi que des traitemens réglés ci-dessus, pendant le temps de l'assemblée.

8.

L'INTENTION de Sa Majesté est que le traitement qu'Elle a accordé précédemment aux Fourriers ou Sergens des régimens Provinciaux, qui ont monté à l'emploi d'Officier, continue d'avoir lieu pendant le temps de la séparation des régimens, & qu'ils en soient payés sur les ordres des Intendans, à raison de quinze sous par jour, pour ceux desdits Fourriers ou Sergens qui sont Lieutenans; & de vingt sous aussi par jour pour ceux qui par la distinction de leurs services, ont été pourvus de compagnies ou ont obtenu la commission de Capitaine.

9.

LES Fourriers, Sergens, Caporaux, Appointés, Grenadiers & Tambours des compagnies de Grenadiers-royaux, & les Fourriers & Sergens des compagnies de Grenadiers-provinciaux & de Fusiliers, auront par jour, pendant le temps que les bataillons seront dispersés dans les provinces; savoir, les Fourriers & Sergens de Grenadiers-royaux, trois sous; les Caporaux, Appointés & Grenadiers, un sou; & les Tambours dix-huit deniers: Et les Fourriers & Sergens des compagnies de Grenadiers-provinciaux & Sergens de Fusiliers, deux sous, que Sa Majesté veut bien leur accorder, autant qu'il ne surviendra point de plaintes d'eux dans les paroisses où ils seront, & le décompte leur en sera fait tous les six mois; bien entendu que ce décompte sera fait en déduisant le temps de l'assemblée pendant lequel lesdits bas Officiers, Grenadiers & Tambours sont payés en totalité de leur solde.

D

10.

VEUT Sa Majesté que sur la solde réglée à chaque Fourrier, Sergent, Caporal, Appointé, Grenadier-royal, Grenadier-provincial, Fusilier & Tambour, il en soit affecté seize deniers par chaque Fourrier & Sergent, & huit deniers par chaque Caporal, Appointé, Grenadier, Fusilier & Tambour, pour s'entretenir de linge & chaussure, dont le décompte doit être fait, tant pendant l'assemblée des régimens des Grenadiers-royaux & des régimens Provinciaux que pendant les routes qu'ils auroient à faire lorsque Sa Majesté jugera à propos de les faire rendre dans les places ou autres lieux qui leur auront été assignés : Voulant Sa Majesté que ledit décompte, ainsi que les trois livres destinées à chaque Soldat, soit réservé pendant les assemblées annuelles desdits régimens, pour subvenir aux besoins desdits bas Officiers, Grenadiers, Fusiliers & Tambours, & que lorsqu'Elle jugera à propos de faire rendre lesdits régimens en garnison, ledit décompte leur soit fait tous les quatre mois ; après toutefois avoir conservé à ladite Masse du linge & chaussure une somme de quinze livres par homme, pour subvenir aux besoins imprévus, ainsi qu'il est ordonné dans l'Infanterie ; lesdites quinze livres devant leur être données lorsqu'ils obtiendront leur congé absolu.

11.

L'ARTICLE XII de l'Ordonnance du 12 novembre 1733, prescrit que lorsque Sa Majesté fera assembler ses Milices, il sera fourni par les paroisses à chaque Milicien, un bon chapeau, une veste ou camisole d'étoffe du pays, une paire de souliers, une paire de guêtres, deux chemises de toile & un havresac, lesquelles fournitures seront entretenues & renouvelées en cas de besoin, d'année en année. Les Ordonnances postérieures à celle citée ci-dessus, & notamment l'article 28 de l'Ordonnance du 27 novembre 1765, prescrivent les mêmes dispositions, & qu'il seroit en outre payé par lesdites paroisses huit livres en argent, dont trois livres pour le Soldat, & les cinq livres restantes appliquées aux frais des Commissaires employés à la levée: Mais Sa Majesté considérant que ces différens effets n'ont été jusqu'à présent ni uniformes, ni de qualités convenables; & voulant pourvoir à cette irrégularité, après s'être fait rendre compte de la somme à laquelle monteroient lesdites fournitures, Elle a bien voulu les réduire & les fixer à la somme de vingt-six livres, qui sera imposée par les Intendans, sur chaque paroisse, pour chaque Soldat de nouvelle levée, indépendamment des huit livres affectées tant au Soldat qu'aux frais du Commissaire employé à la levée; laquelle somme de vingt-six livres, ainsi que celle des trois livres destinées au Soldat, sera remise entre les mains du Trésorier des Troupes; au moyen de quoi Sa Majesté donnera ses ordres pour faire équiper les Soldats avec l'uniformité qu'Elle veut qui soit suivie dans ses Troupes.

12.

L'INTENTION de Sa Majesté ayant été que le petit équipement fût entretenu & renouvelé, en cas de besoin, d'année en année, lorsqu'Elle jugeroit à propos de faire assembler les Milices, comme il est expliqué par l'article XII de l'Ordonnance du 12 novembre 1733, cité ci-dessus, a réglé qu'il seroit fourni, à chaque assemblée des régimens Provinciaux, une chemise & une paire de souliers à chacun des bas Officiers, Grenadiers ou Soldats desdits régimens, des levées précédentes, qui se rendront au quartier d'assemblée, sur le pied de quatre cents vingt-deux hommes par bataillon, à moins que Sa Majesté ne jugeât à propos d'ordonner l'assemblée desdits bataillons, sur le pied de sept cents dix hommes; & cette dépense devant être faite par les paroisses, au *prorata* du nombre d'hommes qu'elles fournissent pour ces régimens, Sa Majesté a réglé qu'il seroit imposé par les Intendans, chaque année, sur chacune desdites paroisses, une somme de sept livres par Soldat, pour subvenir à ladite dépense; laquelle somme sera également remise entre les mains du Trésorier des Troupes dans la province; & Sa Majesté donnera ses ordres pour faire remettre lesdits effets à chacun desdits Soldats, lors de l'assemblée.

13.

SA MAJESTÉ voulant bien, lorsqu'Elle jugera à propos de faire marcher les régimens Provinciaux sur des routes qu'Elle fera expédier, faire donner deux voitures *gratis* par bataillon, conformément aux dispositions de l'Ordonnance du 1.er juillet 1768, portant réglement sur les voitures qui doivent être fournies aux Troupes pendant leurs marches; Elle entend qu'il ne soit laissé aucun Soldat aux hôpitaux de la route, que dans des cas absolument indispensables; alors les Majors leur remettront des certificats de convalescens, qui leur auront été envoyés, au dos desquels devra être transcrite la route que tiendra le régiment, pour que lesdits Soldats restés en route, puissent recevoir l'étape qui leur sera réservée; Sa Majesté rendant lesdits Majors responsables de l'exécution des dispositions contenues dans le présent article: Voulant Sa Majesté que ledit Major prenne des certificats des Directeurs des hôpitaux, pour justifier des hommes qui y seront entrés, & que lesdits Directeurs informent le Secrétaire d'Etat ayant le département de la guerre, des jours que les Soldats seront sortis desdits hôpitaux.

19 Octobre 1772 447.

TITRE IV.

De la Levée.

ARTICLE PREMIER.

SA MAJESTÉ, en ordonnant la levée des hommes nécessaires au remplacement de ceux qui manquent dans les bataillons des régimens Provinciaux, ainsi que la levée des hommes qui doivent faire le premier fonds des bataillons d'augmentation, a bien voulu régler qu'il ne feroit à l'avenir levé chaque année que le sixième des hommes nécessaires pour porter chaque bataillon au complet sur le pied de sept cents dix hommes. Mais comme il se trouve à présent un *deficit* considérable dans chacun desdits bataillons, par les congés d'ancienneté déjà accordés, par les morts, les infirmes, par ceux qui ont déserté ou qui ayant été nécessaires à leur famille ont été congédiés; Sa Majesté veut qu'il soit levé, pour cette année seulement, un tiers au lieu du sixième, indépendamment de cinquante hommes par bataillon, pour pourvoir au remplacement de ceux qui ont manqué jusqu'à présent pour quelque cause que ce soit; ce qui sera deux cents quatre-vingt-six hommes à lever pour chaque bataillon, tant ancien que nouveau.

2.

DANS les généralités où Sa Majesté juge à propos de diminuer le nombre des bataillons, son intention est qu'on commence par incorporer dans les bataillons conservés, les hommes de la levée de 1769, qui existent dans les bataillons qui doivent être supprimés, pour y finir le temps de leur service, & que le nombre de ces hommes conservés soit diminué sur celui de deux cents quatre-vingt-six hommes, dont la levée doit être faite cette année, conformément à l'article précédent: Quant aux hommes de la levée de 1768, qui existent dans ces bataillons supprimés, & qui devroient avoir leur congé absolu à l'assemblée prochaine; ce congé leur sera donné en vertu de la présente Ordonnance, sans être tenus de se rendre à ladite assemblée.

3.

APRÈS la levée qui sera faite cette année, conformément aux deux articles précédens; l'intention de Sa Majesté est qu'il ne soit levé dans les années suivantes, qu'un sixième de chaque bataillon & trente hommes en sus pour le remplacement des hommes qui viennent à manquer; ce qui fera cent quarante-huit hommes à lever annuellement pour chaque bataillon.

4.

IL sera procédé dans le courant de Février & Mars prochains, par les Intendans des provinces, à la levée du tiers des hommes dont chaque bataillon devra être composé, comme il est expliqué dans les articles précédens; & la répartition desdits hommes sera faite par lesdits Intendans sur les villes & villages dépendans des provinces & généralités, eu égard au nombre d'hommes en état de servir qu'elles contiendront; & il sera tiré au sort dans toutes les villes, bourgs & villages, sans exception, entre tous les garçons ou hommes veufs sans enfans, demeurans actuellement dans les paroisses desdites villes, bourgs & villages, de l'âge de dix-huit ans & au-dessus, jusqu'à quarante; de la taille de cinq pieds au moins sans chaussure, & de force convenable à servir. Et au

19. Octobre 1773. 448

défaut de garçons, les jeunes gens mariés de l'âge de vingt ans & au-dessous, seront assujettis à tirer au sort, & de préférence ceux qui n'auront pas d'enfans.

Sa Majesté n'entend pas cependant comprendre pour le tirage, les lieux sujets à la Garde-côte, ni les habitans des îles de Ré & d'Oleron.

5.

POUR que la levée des hommes que chaque province doit fournir, soit répartie avec justice, & que toutes les paroisses fournissent également, Sa Majesté ordonne que lorsque les Intendans auront, par la connoissance du nombre de garçons de leur généralité & par celle du nombre d'hommes qu'ils doivent lever, fixé la proportion dans laquelle la levée doit être faite, il soit toujours levé un homme sur ce nombre proportionnel qu'il aura indiqué; & que dans le cas où le nombre indiqué ne se trouvera pas dans une paroisse, les garçons soient réunis à une autre paroisse voisine pour compléter ce nombre; & qu'au contraire dans une paroisse où ledit nombre excéderoit, cet excédant soit porté dans une autre pour continuer la même opération, & ainsi de paroisse en paroisse; de façon que le sort soit égal par-tout en proportion du nombre d'hommes qui doivent tirer.

6.

AUSSITÔT après la publication de la présente Ordonnance, les Intendans en feront imprimer des extraits en placard, & les feront passer à tous les Maires & Syndics des paroisses de leur département, avec leurs mandemens pour l'exécution des dispositions qu'elle contient.

7.

L'INTENTION de Sa Majesté est que tous les garçons,

hommes veufs sans enfans, de quelqu'état qu'ils soient, à la réserve cependant des Gentilshommes, s'assemblent à l'issue de la Grand'messe chez le Maire ou Syndic de la paroisse, au jour qui sera indiqué par lesdits Intendans, à peine contre les contrevenans d'une amende de douze livres, à laquelle ils seront contraints même par corps, à moins qu'ils n'aient des raisons valables de s'en dispenser; ce qu'ils seront tenus de justifier par des certificats en bonne forme, signés des Maires, Consuls & de deux des principaux habitans de ladite paroisse.

8.

LE Maire ou Syndic de chaque paroisse sera tenu de dresser deux états desdits garçons ou hommes veufs sans enfans, l'un contenant les noms de baptême & de famille de ceux qui n'auront aucun motif pour s'exempter de tirer au sort, l'autre contiendra les noms de ceux qui prétendront avoir des raisons d'être exemptés de tirer. Ne devront cependant être compris dans lesdits états, les mendians, vagabonds ou gens sans aveu, qui pourroient se trouver dans ladite paroisse.

L'un & l'autre de ces états seront conformes aux modèles *N.° 1.er* & *N.° 2*, annexés à la présente Ordonnance. Il y sera fait mention de ceux qui se seront trouvés absens & des motifs de leur absence.

9.

LESDITS Maires & Syndics adresseront sur le champ au Subdélégué de l'Intendant, une copie desdits deux états, qu'ils seront tenus de certifier & de signer.

10.

ORDONNE Sa Majesté à tous les garçons & hommes veufs sans enfans, qui seront inscrits sur lesdits deux états, ainsi

ainsi qu'aux hommes mariés qui se trouveront dans le cas de tirer au sort, de comparoître devant les Intendans ou Commissaires chargés de la levée, le jour qui aura été indiqué pour tirer, à peine contre les pères, mères ou maîtres qui retiendront lesdits garçons ou hommes, de soixante livres d'amende; & contre lesdits garçons ou hommes sujets à tirer, d'être déclarés Soldats, & contraints à servir l'espace de dix ans, conformément à l'article 2 du titre IX de la présente Ordonnance.

11.

Le Maire ou Syndic de chaque paroisse, sera tenu de conduire au lieu & au jour indiqués pour la levée, tous les garçons ou hommes compris sur lesdits états, & la vérification en sera faite par le Subdélégué ou Commissaire chargé de la levée.

12.

Il sera procédé ensuite à la vérification de ceux desdits garçons ou hommes qui devront jouir de l'exemption, conformément au titre V de la présente Ordonnance; de ceux qui par leur taille ne se trouveront pas propres au service, & enfin à la visite de ceux qui par des infirmités, se trouveront ne devoir point être admis à tirer au sort.

Tous les garçons ou hommes qui se trouveront dans les cas expliqués ci-dessus, seront sur le champ renvoyés dans leurs paroisses, & il sera fait mention sur les états des Subdélégués, à l'article desdits garçons ou hommes, des motifs qui ont déterminé à ne les point admettre au tirage.

13.

Ceux qui seront inscrits sur lesdits états & qui se trouveront attaqués d'infirmités, feront tenus de les déclarer au Subdélégué avant de tirer au fort, afin qu'il les faffe vifiter fur le champ par un Chirurgien expert, qui en donnera un certificat détaillé, dont il fera fait lecture en préfence de l'affemblée; & les frais de vifite feront payés par les communautés.

Si après l'opération du tirage, le Soldat auquel le fort fera échu, fe préfente pour demander fa décharge, fous prétexte de quelqu'infirmité, il fera mis en prifon & payera cinquante livres d'amende à celui auquel le fort échoira pour le remplacer; & les frais de vifite feront prélevés fur cette amende.

Tous ceux qui prétendront avoir des raifons valables pour être difpenfés de tirer au fort, feront obligés de les faire connoître avant que l'on procède au tirage, autrement ils feront affujettis à tirer avec ceux qui n'en font pas exempts.

14.

SA MAJESTÉ voulant que la manière de tirer au fort foit uniforme, ordonne que dès que les opérations prefcrites par l'article précédent, feront terminées, le Subdélégué ou Commiffaire chargé de la levée, dreffe un état nominatif de tous les garçons, hommes veufs ou mariés fujets à tirer au fort; & qu'il faffe enfuite autant de billets, lefquels feront tous de même papier & de même grandeur; qu'ils prennent fur le nombre defdits billets, autant de billets qu'il fera demandé de Soldats-provinciaux pour une ou pour plufieurs paroiffes réunies; qu'ils écrivent fur ces derniers billets, *Soldat-provincial*, & les roulent enfuite de manière qu'il n'y ait aucune différence fenfible avec ceux qui ne feront point écrits; lefquels feront également roulés, & que les uns & les autres foient mis & mêlés dans un chapeau, qui fera tenu à hauteur de la tête de ceux qui tireront. Alors chaque garçon, homme veuf ſans enfans, ou homme marié, ſe préſentera ſuivant le rang où il ſe trouvera inſcrit ſur l'état; il étendra la main, prendra un billet dans le chapeau & le remettra au Subdélégué ou Commiſſaire chargé de la levée, pour être ouvert publiquement, & faire connoître à toute l'aſſemblée, s'il eſt blanc ou écrit. Si ce billet eſt blanc, le Subdélégué marquera à la marge de l'état, vis-à-vis le nom de celui qui l'aura tiré, *blanc;* s'il eſt écrit, ledit Subdélégué marquera également vis-à-vis le nom de celui qui l'aura tiré; *Soldat-provincial.* Et lorſque le dernier des billets écrits ſera tiré, le Subdélégué ou Commiſſaire chargé de la levée, ouvrira en préſence de tout le monde, tous les billets qui reſteront dans le chapeau; afin qu'il ſoit notoire qu'il n'y a point d'autres billets écrits, & que le tirage a été bien fait.

Il en ſera uſé de même juſqu'à ce que le nombre fixé des Soldats-provinciaux ſoit complet; l'intention de Sa Majeſté étant que s'il ſurvient quelques conteſtations, elles ſoient décidées ſur le champ par l'Intendant ou ſes Subdélégués.

15.

Si un garçon ou homme marié, ſujet au ſort, ne pouvoit ſe préſenter lors du tirage, pour des cauſes qui ſeront reconnues légitimes, Sa Majeſté veut bien permettre qu'un autre garçon propre au ſervice, puiſſe le remplacer pour tirer en ſa place, avec la condition que dans le cas où ledit garçon ſeroit tombé au ſort, il ſera tenu de ſervir, ſi celui pour lequel il aura tiré ne ſe préſente pas.

16.

Le tirage ainſi achevé, tous les garçons, hommes veufs ſans enfans ou hommes mariés, qui auront tiré des billets blancs, seront renvoyés dans leurs paroisses, & les Soldats-provinciaux seront signalés par le Subdélégué du Commissaire chargé de la levée; après quoi il remettra à chacun desdits Soldats, un certificat conforme au modèle *(N.° 3)* annexé à la présente Ordonnance, lequel certificat devra être signé du Subdélégué ou Commissaire chargé de procéder à l'opération de la levée.

17.

LORSQUE ces différentes opérations seront terminées, l'intention de Sa Majesté est que le Subdélégué ou Commissaire chargé de la levée, en dresse un procès-verbal, conformément au modèle *(N.° 4)*, dans lequel il rapportera les nom, surnom & signalement de chaque Soldat-provincial, & qu'il signe ledit procès-verbal.

18.

IL devra être fait trois expéditions dudit procès-verbal, lesquelles seront toutes également signées, comme il est expliqué ci-dessus; l'une sera envoyée par le Subdélégué au Secrétaire d'État ayant le département de la guerre, une autre à l'Intendant, & la troisième restera entre les mains du Subdélégué.

19.

VEUT aussi Sa Majesté que sur les états qui auront été remis, par les Maires ou Syndics, au Subdélégué, ainsi qu'il est expliqué à l'article *9* du présent titre, il soit dressé un état-sommaire suivant le modèle *(N.° 5)* joint à la présente Ordonnance, & qu'il en soit également formé trois copies, qui seront aussi signées dudit Subdélégué; l'une desdites copies sera adressée au Secrétaire d'État ayant le département de la guerre, une autre à l'Intendant, & la troisième restera entre les mains du Subdélégué.

20.

SA MAJESTÉ défend aux Ecclésiastiques, Gentilshommes, Communautés séculières ou régulières, de l'un & l'autre sexe, & généralement à tous ses Officiers & Sujets, de donner retraite à aucun garçon sujet à tirer au sort, avant que la levée ait été exécutée, & à aucun de ceux qui auront été désignés Soldats-provinciaux; & ce à peine de cinq cents livres d'amende pour chaque contravention, lesquelles amendes ne pourront être remises ni modérées en faveur de qui que ce soit, & sous quelque prétexte que ce puisse être.

Voulant de plus Sa Majesté, que si quelque Officier retiré ou actuellement au service, ou autres qui seront présens au tirage, en troubloient l'opération en engageant les garçons ou hommes mariés compris dans les états de ceux qui sont assujettis à tirer au sort, l'Intendant en informe le Secrétaire d'État ayant le département de la guerre, qui prendra les ordres de Sa Majesté sur la punition qu'Elle jugera à propos d'ordonner.

Veut aussi Sa Majesté que les préposés aux recrues des troupes, qui se présenteront pour enrôler les garçons le jour qu'on se disposera à tirer au sort, soient arrêtés sur le champ, & que les Officiers de Maréchaussée mettent en prison lesdits Enrôleurs; l'intention de Sa Majesté étant qu'on ne puisse faire aucun enrôlement que le lendemain du tirage.

21.

SA MAJESTÉ ordonne aux Officiers de Maréchaussée, sur

l'avis qui leur sera donné par les Intendans ou par leurs Subdélégués, des jours fixés pour tirer au sort, de se rendre avec leurs brigades dans les endroits qui leur seront indiqués, ou d'y faire trouver les bas Officiers & Cavaliers nécessaires pour maintenir la tranquillité pendant & après l'opération.

22.

VEUT Sa Majesté que, lorsque les garçons seront assemblés pour tirer au sort, s'il arrive quelque tumulte qui s'oppose à l'exécution exacte de l'opération, le Commissaire chargé de la levée renvoie les garçons dans leurs paroisses, & qu'il en dresse un procès-verbal qu'il fera signer par les Maire, Échevins, Syndics, Marguillers & Cavaliers de Maréchaussée qui auront été appelés à ladite opération; l'intention de Sa Majesté étant qu'il soit fait mention dans ledit procès-verbal de tous ceux qui auront occasionné le tumulte, lesquels seront arrêtés, mis en prison, & déclarés Soldats-provinciaux de droit, en quelque nombre qu'ils puissent être, d'après l'examen qui sera fait du procès-verbal par l'Intendant.

23.

SI lors de la publication de l'ordre envoyé pour tirer au sort, quelque garçon se prétendoit engagé dans les Troupes, il sera tenu, pour éviter les abus des engagemens simulés, de rapporter un certificat de l'Officier qui aura reçu son engagement au Syndic ou autre Officier en charge de la Communauté, lequel le remettra au Subdélégué ou Commissaire chargé de la levée, pour être par lui envoyé au Secrétaire d'État ayant le département de la guerre, qui en fera faire la vérification; l'intention de Sa Majesté étant que l'Officier qui auroit donné de faux certificats d'engagement soit mis en prison & cassé:

Et cependant ledit Soldat sera contraint de joindre sans délai son régiment, & ne pourra reparoître par la suite dans la province, même avec un congé, qu'il ne justifie à l'Intendant par un certificat du Commissaire des guerres, contenant son signalement, qu'il aura joint le Corps & passé en revue devant lui; faute de quoi il sera arrêté & mis en prison pour six mois, & condamné à servir dans le régiment Provincial de la généralité pendant dix ans. Il subira la même peine, si en vertu du congé qui lui aura été délivré, après avoir d'abord joint le régiment, il reste plus de six mois dans la province, & qu'il ne retourne pas au Corps.

24.

Sa Majesté voulant bien régler qu'aucun Soldat ne pourra être retenu dans les régimens Provinciaux au-delà du terme de six ans fixé pour son service, & ordonnant que les congés absolus soient exactement expédiés aux Soldats-provinciaux qui auront fini ledit temps de six années de service: Elle entend qu'absolument tous les garçons, hommes veufs sans enfans ou hommes mariés qui se trouveront dans le cas d'être admis à tirer au sort, soient sûrs, domiciliés, & qu'ils aient toutes les qualités prescrites pour être reçus dans lesdits régimens Provinciaux : Déclarant Sa Majesté que ceux qui ne se trouveront pas propres au service, ou qui viendront à manquer dans ledit cours de six années par désertion, seront remplacés par la paroisse qui les aura fournis, indépendamment du nombre d'hommes réglé pour la levée sur ladite paroisse.

25.

Lorsqu'un Soldat-provincial de nouvelle levée, sera réformé n'étant pas propre au service, & que la paroisse pour laquelle il aura été tiré, sera tenue d'en fournir un autre, conformément à l'article précédent; l'intention de Sa Majesté est que le Commissaire à la levée, ou le Subdélégué qui aura procédé au tirage, non-seulement ne puisse recevoir pour ledit homme réformé, les cinq livres qui lui sont attribuées par l'article 11 du titre III de la présente Ordonnance, pour chaque homme de nouvelle levée; mais veut encore Sa Majesté, que ledit Subdélégué soit tenu de procéder, sans aucune rétribution à la nouvelle levée qu'il faudra faire pour le remplacement dudit homme réformé.

TITRE V.

Des Exemptions.

ARTICLE PREMIER.

L'INTENTION de Sa Majesté étant que les priviléges & exemptions dont doivent jouir ses Sujets, relativement à la levée des Soldats-provinciaux, soient fixés d'une manière constante & irrévocable; Elle a jugé à propos d'expliquer les différens cas auxquels ces priviléges & exemptions devront être appliqués; Sa Majesté défendant d'en accorder dans d'autres circonstances que celles expliquées par les articles suivans.

2.

DANS tous les cas où des garçons ou hommes veufs sans enfans se prétendront exempts de tirer au sort, si les circonstances où ils se trouveront ne sont point expliquées par le présent titre, Sa Majesté défend d'admettre pour les en dispenser, aucune assimilation, comparaison ou interprétation qui ne seront pas exactement conformes à ce qui sera expliqué ci-après.

3. TOUT

3.

TOUT homme né & domicilié dans le royaume, à la réſerve des Eccléſiaſtiques, des Nobles, & de ceux qui ſeront déſignés dans les articles ſuivans, ſeront ſujets au ſervice des régimens Provinciaux; entend Sa Majeſté comprendre dans la claſſe des Eccléſiaſtiques, les deſſervans des égliſes, tonſurés au moins trois mois avant la publication de la préſente Ordonnance.

4.

LES hommes mariés, quoiqu'ils n'aient pas d'enfans, quelle que ſoit l'époque de leur mariage, pourvu qu'ils juſtifient de la célébration antérieure au moment du tirage, ſeront exempts. Mais les hommes veufs ſans enfans depuis deux ans, ne ſeront point exempts.

5.

UN garçon n'ayant ni père ni mère & demeurant avec ſes ſœurs ou frères, ſera exempt juſqu'à ce qu'un deſdits frères ou ſœurs ait dix-huit ans accomplis.

6.

SI dans une paroiſſe qui devra fournir plus d'un Soldat-provincial, il ſe trouve deux ou trois frères ſujets au ſort, demeurant chez leurs père & mère, tous tireront; mais un ſeul pourra être obligé de ſervir. S'ils ſont quatre frères ou plus, & que deux tombent au ſort, ils ſeront obligés de ſervir.

7.

LES Officiers, les Gardes des Maréchaux de France, ceux des Gouverneurs & Lieutenans généraux des provinces, ſeront exempts, ſuivant l'état ſigné deſdits Maréchaux de France,

Gouverneurs ou Lieutenans généraux, qui sera remis aux Intendans.

8.

LES Commensaux de la Maison de Sa Majesté & de celle des Princes & Princesses du Sang, & même leurs enfans, seront exempts, lorsque les pères ne seront pas d'un état mercénaire.

9.

LES Juges des justices royales, & les Procureurs & Avocats de Sa Majesté, seront exempts, eux & leurs enfans.

10.

LES Greffiers des justices royales, les Avocats, les Procureurs postulans dans lesdites justices, les Huissiers qui y sont reçus, & les Notaires royaux, seront exempts.

11.

LES Maîtres-clercs des Avocats, Procureurs, Notaires & Greffiers des Sénéchaussées & Bailliages royaux, seront exempts jusqu'à l'âge de vingt-cinq ans accomplis, pourvu qu'ils soient dans l'état de Clerc depuis trois ans.

12.

LES Juges, Avocats & Procureurs fiscaux des Pairies, & le premier Officier gradué des justices seigneuriales, seront exempts.

13.

LES Maires, Échevins, Procureurs & Avocats de Sa Majesté, & le principal Greffier de l'Hôtel-de-ville, dans les villes qui auront plus de quatre cents feux, seront exempts.

14.

LES fils des pourvus d'offices de justice & de finance, dont la finance pour les premiers, sera de douze mille livres, & de vingt mille livres pour les derniers, seront exempts.

15.

LES Employés des fermes, reçus dans les Tribunaux, & ayant serment en justice, seront exempts : Les fils des Directeurs des fermes, & ceux des autres Employés, payant dix mille livres de cautionnement, seront pareillement exempts.

16.

LE Collecteur de taille ou de sel, chargé des deniers, sera exempt pendant l'année de son exercice.

17.

LES Subdélégués & leurs enfans, les Commis employés dans les bureaux des Intendans, seront exempts.

Les Commis employés dans les bureaux des Trésoriers des Troupes, Officiers de finance ou Employés des fermes, travaillant depuis deux ans, & ayant huit cents livres d'appointemens, seront pareillement exempts.

18.

LES Gardes-magasins des effets du Roi, ayant au moins l'âge de vingt-cinq ans accomplis & six cents livres d'appointemens, seront exempts.

19.

SERONT pareillement exempts les Inspecteurs, Sous-inspecteurs, Élèves des Ponts & Chaussées, ainsi que le fils aîné de l'Inspecteur & de l'Ingénieur en chef desdits Ponts & Chaussées.

20.

LES Directeurs des Postes aux lettres, dans les villes de

plus de cinq cents feux, leur principal Commis ou Facteur, feront exempts.

21.

LES Postillons des Postes, faisant le service depuis deux ans, à raison d'un par six chevaux, feront exempts.

22.

LES principaux Employés dans les fermes des Messageries, Courriers de malle, & les conducteurs ordinaires des voitures publiques, feront personnellement exempts jusqu'à l'âge de vingt-cinq ans accomplis.

23.

LES Salpêtriers en titre & un de leurs enfans ou principaux ouvriers travaillant depuis trois ans dans les manufactures, ce qui devra être justifié par un certificat du Directeur général des poudres, feront exempts.

24.

SERONT pareillement exempts les Gardes-haras ayant inspection sur les étalons, ainsi que les Gardes-étalons ayant un étalon de Sa Majesté, approuvé.

25.

LES hommes classés & les ouvriers employés au service de la Marine, tels que les Charpentiers de navire, Calfats, Voiliers & Poullieurs, feront exempts.

26.

L'INTENTION de Sa Majesté est que les exemptions en faveur d'une profession, ne puissent être accordées qu'à ceux qui en rempliront les fonctions.

27.

Un garçon Propriétaire, Fermier ou Métayer, cultivant une quantité de terres qui forme le labourage d'une charrue, & demeurant seul avec ses domestiques, sera exempt jusqu'à l'âge de vingt-cinq ans accomplis.

28.

Le fils unique d'un Laboureur ou d'une veuve de Laboureur, sera exempt jusqu'à l'âge de vingt-cinq ans accomplis, pourvu que ledit Laboureur ou ladite veuve aient le labourage d'une charrue, & que le fils demeure avec eux exerçant la même profession.

29.

Un garçon demeurant séparément de ses père & mère, tenant à titre de loyer ou de propriété un moulin, & payant cinquante livres de principal de taille, sera exempt jusqu'à l'âge de vingt-cinq ans accomplis.

30.

Le maître Charretier des Ecclésiastiques ou Gentilshommes qui feront valoir le labourage d'une ou plusieurs charrues, sera exempt.

31.

Un Berger gardant trois cents bêtes à laine, ou celui gardant cinquante vaches & principalement chargé de la confection des fromages, sera exempt : il ne pourra y avoir qu'une seule exemption de ce genre dans une communauté.

32.

Un Négociant en gros, ayant un magasin en propre, y tenant des marchandises en balle & sous corde, & payant cinquante livres de capitation, sera exempt, ainsi qu'un principal Commis ou Facteur, ou en leur place le fils dudit Négociant, s'il en fait les fonctions, ou est associé à son père.

N'entend point Sa Majesté comprendre, sous la désignation de Négociant en gros, les Marchands de bois ou Commissionnaires.

33.

LES Marchands & Maîtres de métiers, établis dans les villes où il y aura Jurande enregistrée au Parlement, & payant cinquante livres de capitation, seront exempts.

34.

LES Médecins & Chirurgiens étant en titre, & exerçant publiquement leur profession, seront exempts; & leur fils aîné jusqu'à l'âge de vingt-cinq ans accomplis, pourvu qu'il demeure avec son père & s'occupe de la même profession.

35.

DANS les villes où il y a communauté de Chirurgiens, & établissement de Lieutenant du premier Chirurgien de Sa Majesté, deux Élèves Maîtres-ès-arts & ayant fréquenté plusieurs années les écoles de Chirurgie, seront exempts, s'ils n'exercent point la barberie & ne font aucun commerce.

36.

LES Maîtres d'école ayant trente ans accomplis, étant d'ancien établissement & approuvé par l'Évêque diocésain, avec certificat de l'Intendant de la province, seront exempts.

37.

LE Directeur d'une forge, le Fondeur, le Marteleur & l'Affineur travaillans depuis trois ans dans les ateliers d'une forge, seront exempts.

38.

LES Marchands fabriquans de papiers, les Colleurs ou Salerans, les Ouvriers principaux occupés à la préparation des formes & des matières qui entrent dans la composition du papier, employés dans les moulins ou ateliers depuis trois ans, seront exempts.

39.

UN Maréchal, un Charron, seuls de leur profession dans une communauté de plus de cent feux, ayant trente ans accomplis, & établis dans ladite communauté le 1.er Octobre qui précèdera le tirage, seront exempts.

40.

TOUS les Domestiques de Sa Majesté, & ceux des Princes & des Princesses du Sang, seront exempts.

Les Domestiques des Ecclésiastiques & Gentilshommes ou personnes revêtues de charges donnant les priviléges de la Noblesse, ou des Officiers dans les troupes de Sa Majesté, seront exempts jusqu'à l'âge de vingt-cinq ans accomplis, s'ils n'excèdent pas toutefois le nombre de domestiques que les Maîtres ont ordinairement; ladite exemption ne devant avoir lieu que pour ceux qui seront entrés à leur service avant le 1.er Octobre précédant le tirage, qui demeureront chez leurs Maîtres & n'auront point d'autres occupations étrangères au service de leurs Maîtres: Les domestiques qui auront été exemptés à ce titre, & qui quitteront leurs Maîtres avant l'année révolue, seront déclarés fuyards.

41.

LES Fermiers qui régissent les biens de l'Ordre de Malte, seront exempts, eux & un de leurs enfans, ainsi que leurs valets, jusqu'à l'âge de vingt-cinq ans accomplis, pourvu que lesdits enfans & valets demeurent dans l'étendue des Commanderies & ne fassent aucun commerce, autrement les uns & les autres seront privés de l'exemption.

42.

POURRONT néanmoins les Maîtres des domestiques qui seront à l'avenir assujettis au tirage, & qui en étoient exempts par l'Ordonnance du 27 novembre 1765, les dispenser dudit tirage, en payant sur le champ entre les mains de celui qui sera nommé par les garçons sujets au sort, la somme de *cinq livres* par chaque domestique. Il sera fait mention sur le procès-verbal du tirage, des noms desdits domestiques pour lesquels il aura été payé cinq livres, & de la remise desdites sommes au Soldat-provincial auquel le sort sera échu.

43.

LES Gardes-chasse, Gardes des bois, rivières & pêches des Seigneurs Hauts-justiciers, reçus à la Maîtrise, domiciliés dans les communautés où ils sont Gardes, en supposant qu'ils n'excèdent point le nombre ordinaire, seront exempts, aux conditions réglées par l'article 40 du présent titre.

44.

TOUT chef de famille qui aura élevé & reçu chez lui, au moins depuis dix ans, un enfant-trouvé, à la décharge des hôpitaux, pourra, dès que ledit enfant-trouvé aura l'âge & les qualités prescrites, lui faire subir le sort, au lieu & place de l'un de ses fils, frères ou neveux, à son choix; & si ledit chef de famille a chez lui plusieurs enfans-trouvés dans le même cas, il pourra jouir d'autant d'exemptions qu'il aura d'enfans-trouvés.

45. ENTEND

19. Octobre 1775.

45.

ENTEND Sa Majesté que les Soldats-provinciaux qui auront obtenu des congés absolus, après avoir rempli le terme de leur service, soient pour toujours exempts.

46.

LES exemptions multipliées, accordées arbitrairement & par faveur, étant une injustice manifeste qui retombe sur les cultivateurs, en réduisant à un moindre nombre celui des garçons d'une généralité, qui doivent tirer au sort; Sa Majesté défend expressément d'étendre les exemptions à d'autres personnes que celles désignées dans les articles précédens du présent titre.

TITRE VI.

Des Substitutions & des Contributions ou Cottisations en faveur des Soldats-provinciaux.

ARTICLE PREMIER.

SA MAJESTÉ défend expressément d'admettre dans les régimens Provinciaux, aucun passager ou vagabond, & à tout Soldat-provincial, d'en substituer un autre en sa place, à peine contre le Soldat, de six mois de prison & de dix années de service dans les régimens Provinciaux au-delà du temps qu'il se trouvera avoir servi; de trois années de galères contre l'homme qui aura été substitué, & de cinq cents livres d'amende contre les Maires, Échevins, Consuls, Syndics, Marguilliers & autres qui auront favorisé, participé ou adhéré à ladite substitution ou supposition d'un homme pour l'autre; ladite amende applicable, moitié au dénonciateur, dont le nom sera tenu secret, & l'autre moitié à l'hôpital le plus prochain.

457

2.

VOULANT bien néanmoins Sa Majeſté favoriſer ceux qui auroient des raiſons valables de ſe faire ſubſtituer, Elle permet d'admettre le frère d'un Soldat-provincial pour le remplacer, s'il a les qualités requiſes pour le ſervice.

3.

TOUTE autre ſubſtitution ne pourra avoir lieu que ſur le conſentement des Officiers de l'État-major du régiment Provincial, de concert avec les Intendans, qui jugeront des circonſtances où ſe trouvera le Soldat qui ſe préſentera pour ſe faire ſubſtituer.

4.

TOUS bas Officiers ou Soldats qui deſireront continuer leurs ſervices dans les régimens Provinciaux, & ſe ſubſtituer à un autre, s'ils ſont en état de ſervir encore, ſeront tenus également de ſe préſenter aux Officiers de l'État-major de leur régiment, qui les inſcriront & les déſigneront pour remplacer ceux qui ſe ſeront préſentés pour ſe faire ſubſtituer; leſdits Soldats-provinciaux ſeront reçus à ſe ſubſtituer, de préférence à tous autres.

5.

LE prix d'une ſubſtitution ne pourra jamais excéder cent livres, ladite ſomme de cent livres ſera remiſe par le Soldat qui ſe fera ſubſtituer, à l'Officier-major chargé du détail; il l'inſcrira ſur un regiſtre qu'il tiendra à cet effet, & il remettra cette même ſomme au Soldat qui ſera déſigné par l'État-major, pour remplacer celui qui aura obtenu la permiſſion de ſe faire ſubſtituer.

6.

AUCUN garçon, homme veuf ou autre, ne pourra être

admis auxdites ſubſtitutions, qu'il ne ſoit connu, domicilié & de la même ſubdélégation que celui auquel il ſera ſubſtitué; bien entendu qu'il aura la taille, la tournure & toutes les qualités preſcrites pour être admis dans leſdits régimens Provinciaux: défendant Sa Majeſté d'en recevoir aucuns qui ne rempliroient pas les conditions mentionnées au préſent article.

7.

VEUT Sa Majeſté que le ſervice d'un homme qui ſe ſera ſubſtitué à un autre, réglé à ſix ans par la préſente Ordonnance, ne puiſſe être compté que du jour que la ſubſtitution ſera agréée par l'État-major; & ſi le Subſtitué eſt Soldat-provincial, la ſubſtitution ne pourra avoir lieu que du jour qu'il aura fini le terme de ſon précédent ſervice.

8.

LESDITES ſubſtitutions ne pourront être valables qu'autant que l'Inſpecteur les aura agréées lors de ſa revue; l'État-major ſera tenu à cet effet de lui préſenter les hommes qu'il aura reçus proviſoirement, & les raiſons qui l'ont déterminé à les admettre, pour que ledit Inſpecteur puiſſe les agréer ou les refuſer, s'il le juge à propos.

9.

IL ſera expédié un congé abſolu au Soldat qui aura obtenu la permiſſion de ſe faire ſubſtituer par un autre, ſuivant le modèle *(N.° 6)*, dans lequel il ſera fait mention de la ſomme qu'il aura remiſe pour ſa ſubſtitution, & du nom de l'homme qui lui aura été ſubſtitué. Ledit congé ſera ſigné par le Commandant du régiment Provincial & le Major, approuvé par l'Inſpecteur, & viſé du Commiſſaire des guerres qui aura la police dudit régiment.

10.

L'HOMME auquel le ſort ſera échu, qui auroit été exempt avant les diſpoſitions du titre V de la préſente Ordonnance, & qui n'aura pas encore joint le régiment Provincial, pourra, ſur la connoiſſance qu'aura l'Intendant de la province des circonſtances favorables où ſe trouvera ledit homme, obtenir la permiſſion de ſubſtituer un homme en ſa place, avec les conditions preſcrites par les articles 5 & 6 du préſent titre; mais dans le cas où ledit homme qu'il aura mis en ſa place viendroit à manquer pour quelque cauſe que ce ſoit, celui auquel le ſort ſera échu ſera tenu de reprendre le ſervice pour le continuer juſqu'au temps où il devra obtenir ſon congé abſolu.

11.

LORSQU'UN Soldat-provincial qui aura joint le régiment, ſe trouvera avoir des raiſons jugées légitimes par l'Intendant, pour obtenir la permiſſion de ſe faire ſubſtituer, il conſignera la ſomme de cent livres entre les mains de l'Officier-major chargé du détail du régiment; & ladite ſomme ſera employée à l'engagement d'un Soldat-provincial qui voudra continuer à ſervir, & dont le ſervice ſera expiré: Si pluſieurs Soldats-provinciaux ſont dans le cas d'obtenir ladite permiſſion, celui qui aura le premier conſigné ladite ſomme de cent livres ſera remplacé le premier; à l'effet de quoi l'Officier chargé du détail ſera note du jour de la remiſe deſdites ſommes, ſur le regiſtre qu'il doit tenir.

12.

SA MAJESTÉ veut bien permettre aux hommes qui devront ſubir le ſort, de ſe cotiſer en faveur de celui d'entre eux ſur qui ledit ſort tombera, avec la condition cependant que la somme provenante de ladite cotisation sera déposée, lors du tirage, entre les mains de celui que lesdits hommes sujets au sort choisiront, & qu'elle sera remise à celui auquel le sort sera échu avant la séparation de l'assemblée pour le tirage. Veut aussi Sa Majesté qu'il soit fait mention dans le procès-verbal du tirage, de ladite somme & de sa remise au Soldat du sort; faute de quoi le montant de la cotisation sera confisqué au profit de l'hôpital le plus prochain.

13.

AUCUN homme sujet au sort, ne pourra être forcé de fournir à ladite cotisation, qui ne pourra jamais excéder six livres par homme; celui qui n'aura pas contribué ne pourra rien répéter, si le sort lui échoit; & si la somme dont il aura contribué est au-dessous des six livres réglées ci-dessus, il ne pourra recevoir de la contribution, qu'en proportion de ce qu'il y aura mis.

TITRE VII.

De l'Assemblée des régimens Provinciaux.

ARTICLE PREMIER.

SA MAJESTÉ voulant, dans toutes les circonstances, soulager les campagnes & ne les priver de leurs cultivateurs que le moins de temps qu'il sera possible; son intention est que les régimens de Grenadiers-royaux ne soient pas encore assemblés particulièrement l'année prochaine, mais seulement les compagnies desdits régimens à la tête des régimens Provinciaux.

2.

L'ASSEMBLÉE des régimens Provinciaux, tels qu'ils sont

formés par la présente Ordonnance, chaque bataillon ayant à sa tête sa compagnie de Grenadiers-royaux, aura lieu dans le courant du mois de Mai de l'année prochaine: Entend à cet effet Sa Majesté que les cent onze bataillons dont lesdits régimens sont composés, indépendamment du régiment Provincial de l'île de Corse, soient assemblés dans les quartiers, & aux jours qui seront indiqués.

3.

SA MAJESTÉ donnera ses ordres pour qu'il se trouve à l'avance, au lieu d'assemblée, des Commissaires des guerres, pour y faire préparer les logemens & les subsistances nécessaires, y recevoir & faire loger lesdits Soldats-provinciaux à mesure qu'ils y arriveront, & faire délivrer à chacun d'eux l'habillement, l'équipement & l'armement qui sont dans les magasins, où ces effets seront remis par ordre & par état de compagnie le jour de la séparation desdits régimens, ainsi que leurs drapeaux & caisses des Tambours. Les vêtemens dont lesdits Soldats se seront trouvés pourvus lors de leur arrivée au quartier d'assemblée, seront réservés en paquets étiquetés du nom de chaque Soldat, pour lesdits effets leur être remis après qu'ils auront déposé au magasin ceux appartenans à Sa Majesté.

4.

SA MAJESTÉ fera rendre pareillement auxdits quartiers d'assemblée, les Officiers qu'Elle a choisis pour commander, & être employés dans lesdits régimens; les Colonels informeront les Officiers, du jour & du lieu de l'assemblée: Et comme les régimens de Grenadiers-royaux ne seront point assemblés l'année prochaine, l'intention de Sa Majesté est que les Officiers de l'État-major de ce Corps, se partagent entr'eux pour aller visiter les compagnies de Grenadiers de leur régiment, & qu'ils soient présens, tant au choix des hommes qu'il y aura à faire pour remplacer ceux qui auront manqué dans lesdites compagnies, qu'aux différens exercices qui seront ordonnés; mais son intention est qu'ils n'aient aucune espèce de commandement dans ces régimens pendant tout le temps de cette assemblée.

Veut aussi Sa Majesté que les Chefs desdits régimens, s'emploient, conjointement avec les Commissaires des guerres, à former chaque compagnie aussitôt l'arrivée des hommes; en observant de mettre de préférence dans la même compagnie, les nouveaux Soldats des paroisses qui se trouveront le plus à portée les unes des autres, à l'exception des compagnies de Grenadiers-royaux & des Grenadiers-provinciaux, qui doivent toujours être complétées de ce qui se trouvera de meilleur, sans avoir égard à l'arrondissement des communautés.

5.

SA MAJESTÉ ayant réglé par l'article 24 du titre IV de la présente Ordonnance, qu'aucun Soldat ne pourra être retenu dans les régimens au-delà du terme de son service; son intention est qu'il soit expédié des congés absolus à ceux qui ayant été levés en 1768, ont fini les six années de leur service, lesquels congés seront expédiés au premier moment de l'assemblée, pour être délivrés immédiatement après ladite assemblée, conformément au modèle joint à la présente Ordonnance; ces congés seront signés par le Colonel & le Major, approuvés par l'Inspecteur, & visés par le Commissaire des guerres: L'Intendant leur délivrera en même temps des certificats pour les faire jouir des exemptions & priviléges qui leur sont accordés à la suite de leurs services.

6.

L'INTENTION de Sa Majesté étant que tous les Soldats des levées de 1768 & 1769, se rendent à l'assemblée indiquée, ainsi que ceux de la nouvelle levée, les Intendans adresseront les mandemens qu'ils expédieront pour les Soldats desdits tirages, aux Brigadiers de Maréchaussée, qui seront chargés de les remettre à chaque Soldat; & en son absence, aux Maires, Échevins, Consuls, Syndics ou Marguilliers qui en donneront leur reçu, & leur soumission d'avertir & de tenir la main à ce que ledit Soldat se trouve au quartier d'assemblée le jour qui sera prescrit. Bien entendu que ceux qui, après avoir déserté précédemment pour s'engager dans d'autres troupes, auront rejoint leurs régimens à l'assemblée de 1771, en conformité des ordres qu'ils en auront reçus, soient tenus de servir deux ans au-delà de leur engagement, comme il est expliqué par l'article 25 de l'Ordonnance du 4 août 1771; de manière que ceux qui se trouveront dans ce cas-là, ne devant être congédiés qu'en 1774, il leur sera donné des ordres pour se rendre au quartier d'assemblée.

7.

CHAQUE Soldat sera porteur du mandement qu'il aura reçu pour se rendre au quartier d'assemblée, & il le présentera à son arrivée au Commissaire des guerres, qui lui délivrera son billet de logement. Lesdits mandemens ne devant plus être adressés aux Maires ou Syndics, Sa Majesté renouvelle la défense qu'Elle leur a faite de s'employer à la conduite des Soldats-provinciaux au quartier d'assemblée, afin d'éviter les dépenses considérables qui en résultoient pour les villes & communautés où cet usage avoit lieu.

Il continuera d'être payé deux sous par lieue que chaque Soldat

Soldat aura à faire, tant pour se rendre au quartier d'assemblée que pour retourner chez lui.

8.

LES Soldats qui ont été levés en 1768 & 1769, ainsi que les Grenadiers de France qui ont été incorporés dans les régimens Provinciaux, serviront, conjointement avec ceux qui seront levés en 1774, à la formation desdits régimens. Dans le cas où il se trouveroit de l'excédant dans un bataillon, & que dans un autre du même régiment il n'y auroit pas assez d'hommes pour le porter au nombre de quatre cents vingt-deux, conformément à ce qui est réglé par le titre premier de la présente Ordonnance; l'intention de Sa Majesté est que les hommes excédans soient répartis dans le bataillon dudit régiment qui en aura besoin pour se compléter. Si malgré ce secours, quelques régimens n'ont pas de quoi porter au complet leurs bataillons, ils resteront sur le pied où ils se trouveront: Voulant au surplus Sa Majesté que dans les régimens où il y aura de l'excédant, les hommes qui formeront ledit excédant soient renvoyés du quartier d'assemblée après y avoir passé trois jours, compris le jour de l'arrivée & celui du départ, pour être rappelés l'année prochaine, & il leur sera expédié des congés conformes au modèle annexé à la présente Ordonnance.

9.

SOIT que les régimens soient complets ou qu'ils ne le soient pas, les compagnies de Grenadiers-royaux & Provinciaux, ne seront formées que d'hommes qui se trouveront avoir les qualités nécessaires pour être admis dans lesdites compagnies; au défaut de quoi elles ne seront point complétées.

10.

L'INTENTION de Sa Majesté est qu'il soit expédié des congés absolus aux Grenadiers sortis du corps des Grenadiers de France, qui auront achevé le temps de service dont ils étoient tenus dans les régimens Provinciaux. Voulant Sa Majesté que s'ils se rengagent dans ses troupes avant le terme de six mois, les services qu'ils auront rendus précédemment, soit dans le corps des Grenadiers de France, soit dans les régimens Provinciaux, leur soient comptés pour jouir des hautes-payes & des avantages accordés aux bas Officiers & Soldats de ses Troupes par l'Ordonnance du 16 avril 1771. Bien entendu que ceux desdits Grenadiers de France, qui se substitueront pour continuer leurs services dans les régimens Provinciaux, cesseront de recevoir les cinq sous par jour de solde qui leur ont été réglés pour le temps de service qu'ils devoient achever dans lesdits régimens Provinciaux.

11.

SA MAJESTÉ fera connoître ses intentions sur le nombre de jours qu'Elle jugera à propos d'assembler les régimens Provinciaux; après lesquels ils seront séparés, & les Grenadiers, Fusiliers & Tambours renvoyés chez eux.

12.

RIEN n'étant plus essentiel que l'exactitude des contrôles qui doivent être formés pour chaque régiment Provincial; Sa Majesté pour s'en assurer & mettre de l'uniformité dans ces contrôles, a jugé à propos de faire adresser à chaque Intendant, un registre qui sera fait triple pour chacun desdits régimens Provinciaux.

L'Intendant adressera deux desdits registres au Commissaire des guerres chargé de la police de chaque régiment, afin

19. Octobre 1773

qu'il puisse les remplir de concert avec le Major, des hommes qui composeront chaque compagnie, ayant attention d'y placer en tête les bas Officiers, & ensuite les Soldats; en observant pour ces derniers, l'ordre des différentes levées. Ces contrôles contiendront le signalement exact de chaque homme, son âge & le lieu d'où il est, avec le nom de la subdélégation. Desdits deux registres ainsi remplis & signés par le Commandant du régiment, le Major & le Commissaire des guerres; l'un restera entre les mains du Major, & l'autre sera renvoyé par ledit Commissaire des guerres après l'assemblée à l'Intendant, qui le fera transcrire sur celui qui lui sera resté entre les mains, & l'adressera ensuite au Secrétaire d'État ayant le département de la guerre, avec le procès-verbal de la composition du régiment.

13.

POUR mettre les Commissaires des guerres à portée de remplir les intentions de Sa Majesté, & de former ces contrôles avec l'exactitude qu'Elle exige, les Intendans devront adresser auxdits Commissaires des guerres, quelques jours avant l'assemblée :

1.° L'état signalé des hommes de la dernière levée, qu'il fera relever sur les procès-verbaux desdites levées, qui lui auront été remis par les Subdélégués.

2.° L'état signalé par compagnie, des hommes de la levée de 1768, dont les congés absolus devront être expédiés à ladite assemblée, en faisant mention de ceux qui seront tenus de continuer leur service, conformément à l'article 6 du présent titre.

3.° L'état par compagnie, des Soldats morts depuis la levée de 1768, avec la date de leur mort.

4.° Enfin, l'état des hommes engagés dans les troupes depuis l'assemblée des régimens Provinciaux en 1771.

14.

LE Commiſſaire des guerres dreſſera enſuite un état des Soldats qui auront été réformés par le Commandant du régiment Provincial, qui ne pourront être renvoyés du quartier d'aſſemblée qu'après avoir été préſentés à l'Inſpecteur, & il ſera fait mention des cauſes de leur réforme : Il en dreſſera auſſi un de ceux qui ſe ſeront trouvés excédans à la compoſition des régimens, & qui doivent être renvoyés dans les trois premiers jours de l'aſſemblée, conformément à l'article 8 du préſent titre : Il formera également un état des hommes qui ne ſe ſeront pas rendus au quartier d'aſſemblée, & un autre de ceux qui auront déſerté dudit quartier d'aſſemblée. Ces différens états devront être ſignés du Commandant du régiment, du Major & du Commiſſaire des guerres; il en ſera fait quatre doubles, l'un deſquels ſera adreſſé au Secrétaire d'État ayant le département de la guerre, un autre à l'Intendant; il en ſera remis un au Major du régiment, & le Commiſſaire des guerres en conſervera un pour y avoir recours en cas de beſoin.

L'intention de Sa Majeſté eſt qu'il ſoit auſſi dreſſé par ledit Commiſſaire des guerres, un réſumé des différentes opérations ordonnées ci-deſſus, conformément au modèle *(N.° 7)*, joint à la préſente Ordonnance, pour être adreſſé au Secrétaire d'État ayant le département de la guerre, & qu'il en ſoit remis un double à l'Intendant de la province.

15.

VEUT Sa Majeſté que pendant l'aſſemblée des régimens, il ſoit fait pluſieurs fois des revues d'appel par les Commiſſaires des guerres, leſquels feront mention dans leurs dernières revues, du temps pour lequel chaque régiment devra être payé, relativement à la durée des assemblées, & conformément à l'article premier du titre III de la présente Ordonnance.

16.

ORDONNE aussi Sa Majesté aux Majors & Aides-majors, d'exercer au moins une fois par jour, pendant le temps de l'assemblée, & de former les Soldats de chaque compagnie, au maniement des armes & aux évolutions; & aux Colonels & Lieutenans-colonels, d'y tenir exactement la main, de veiller en même temps à ce qu'il ne soit fait aucun tort, ni mauvais traitement auxdits Soldats, & d'informer le Secrétaire d'État ayant le département de la guerre, de ce qui pourroit arriver de contraire à cet égard, aux intentions de Sa Majesté pour y être pourvu.

17.

SA MAJESTÉ voulant aussi que tous les Officiers qui seront employés dans les régimens Provinciaux, soient instruits des manœuvres & évolutions prescrites par ses Ordonnances; son intention est qu'ils s'en occupent pendant l'intervalle d'une assemblée à l'autre, & que l'Inspecteur & le Commandant du régiment, après les avoir examinés particulièrement sur cet objet, informe le Secrétaire d'État de la guerre, des progrès qu'ils auront faits, ou du peu de zèle que quelques-uns pourroient marquer à cet égard, pour qu'il en soit rendu compte à Sa Majesté, qui ne veut conserver dans ces régimens, que ceux qui se mettront en état, par leur application, d'y servir avec distinction.

18.

LES Inspecteurs feront prêter serment entre leurs mains, à tous les Soldats, sur les drapeaux, qui seront réunis à cet effet. Lesdits Soldats jureront qu'*ils obéiront aux ordres de leurs Officiers & bas Officiers, en tout ce qui concerne le service de Sa Majesté; qu'ils ne quitteront jamais la troupe dont ils seront, dans quelqu'occasion que ce soit, & que voulant servir Sa Majesté avec honneur & fidélité, ils ne déserteront pas.*

19.

LA bénédiction des drapeaux sera faite lors de l'assemblée, dans les régimens qui n'auront pas encore satisfait à cette cérémonie.

20.

TOUS Officiers nouvellement pourvus d'emploi dans les régimens Provinciaux, & qui n'auront point servi en qualité d'Officiers, ne seront reçus qu'après avoir rempli successivement pendant les huit premiers jours de l'assemblée, les fonctions de Soldat, Caporal, Sergent & Fourrier, comme il est prescrit pour les autres troupes. Veut cependant bien Sa Majesté que ces nouveaux Officiers, commencent à jouir de leurs appointemens, du jour qu'ils se seront rendus au quartier d'assemblée, pour y occuper les emplois auxquels ils auront été nommés, quoiqu'ils n'y soient reçus qu'après avoir passé par les grades ci-dessus détaillés.

21.

LES Inspecteurs adresseront au Secrétaire d'État ayant le département de la guerre, l'extrait de la revue des régimens dont l'inspection leur aura été confiée; rendront compte de la tenue, de la discipline, de l'esprit de chaque corps; de la qualité des hommes, de ceux qui auront été réformés, substitués, seront morts ou désertés depuis la dernière assemblée; de la manière dont le corps est exercé, & de la situation de l'habillement, de l'équipement & de l'armement. Ils rendront compte enfin de la conduite, des mœurs & du degré d'instruction des Officiers.

22.

LORSQUE Sa Majesté jugera à propos de faire marcher les régimens de Grenadiers-royaux ou les régimens Provinciaux pour se rendre dans des places ou autres lieux qui leur seront désignés; son intention est que dans les lieux de la route où il se trouvera des Commissaires des guerres, il soit fait par eux des revues par appel desdits régimens qui y passeront, sur les états dont les Commandans seront porteurs & qu'ils se feront représenter. Ils dresseront l'extrait de leur revue en forme de procès-verbal, contenant le nom des Officiers présens & absens; ils y feront mention des Soldats qui, étant présens au départ de la troupe, l'auront quittée en route; & ils expliqueront, à l'article des Officiers & Soldats, les causes de leur absence, dont ils demanderont compte aux Commandans. Ils adresseront ces procès-verbaux au Secrétaire d'État ayant le département de la guerre, qui prendra les ordres de Sa Majesté sur la punition des Officiers & Soldats qui se trouveront en faute.

23.

LES Commissaires des guerres, avant le départ desdits régimens, auront attention de faire lecture aux Soldats, des différens articles de la présente Ordonnance, dont ils devront être particulièrement instruits, pour qu'ils n'en prétendent cause d'ignorance, & de faire visiter par les Médecins ou Chirurgiens des hôpitaux de Sa Majesté, ou à leur défaut par ceux de la place, ceux desdits Grenadiers ou Soldats-provinciaux qui seront soupçonnés de maladies vénériennes ou attaqués de ſcorbut. Ceux qui ſe trouveront atteints deſdites maladies, ſeront laiſſés dans le lieu pour y être guéris, s'il ſe trouve un hôpital où l'on traite ces maladies; ou autrement, ſur l'état qui en ſera envoyé au Secrétaire d'État ayant le département de la guerre, Sa Majeſté fera expédier des ordres pour les faire paſſer dans l'hôpital le plus prochain deſtiné à la guériſon deſdites maladies.

TITRE VIII.

Choix des Officiers.

ARTICLE PREMIER.

LES différens bataillons qui compoſent un régiment Provincial, ne devant former qu'un ſeul & même Corps, il convient que tous les Officiers roulent enſemble pour leur avancement; entend à cet effet Sa Majeſté que les Capitaines d'un même régiment, ſoient placés dans les bataillons, ſuivant le rang de leur commiſſion de Capitaine, & qu'ils arrivent par le même ordre du tableau, aux compagnies de Grenadiers-provinciaux, & enſuite à celles de Grenadiers-royaux; & lorſque Sa Majeſté jugera à propos de nommer des Lieutenans aux compagnies deſdits régimens, ils ſuivront entr'eux le même ordre d'ancienneté; mais en attendant qu'ils en ſoient pourvus, ils reſteront toujours attachés à celles où ils ſe trouveront placés, en qualité de Lieutenans: Les compagnies ne quitteront point auſſi leurs Capitaines, & elles paſſeront avec eux aux bataillons où ils ſeront appelés par leur rang d'ancienneté.

2.

LORSQU'IL vaquera quelqu'emploi dans les régimens de

de Grenadiers-royaux & régimens Provinciaux, il y sera pourvu sur les Mémoires qui seront adressés à cet effet au Secrétaire d'État ayant le département de la guerre, par les Colonels desdits régimens Provinciaux; se réservant néanmoins Sa Majesté d'en disposer ainsi qu'Elle le jugera à propos.

3.

L'INTENTION de Sa Majesté étant que les Officiers qui devront être employés dans lesdits régimens de Grenadiers-royaux & régimens Provinciaux, soient de la province, & résident à portée des régimens où ils devront servir, Elle veut que les Colonels desdits régimens Provinciaux, ne puissent proposer pour les emplois qui viendront à vaquer, que des sujets desdites provinces, & qui y seront domiciliés.

4.

SA MAJESTÉ voulant expliquer ses intentions sur le sort des Officiers des quatre bataillons qui seront supprimés, conformément aux dispositions de la présente Ordonnance, a réglé que les Officiers desdits quatre bataillons supprimés, qui se trouveront des provinces limitrophes, qui y seront domiciliés, ou qui se trouveront à portée desdites provinces dans lesquelles Sa Majesté auroit jugé à propos d'ordonner une augmentation de bataillons, soient par préférence employés dans lesdits bataillons d'augmentation, & que ceux qui ne se trouveront pas dans le cas de participer auxdits emplois, soient réformés; ayant égard pour ladite réforme, aux rangs qu'ils tiennent dans les régimens où ils servent actuellement, pour conserver, par préférence, les plus anciens de chaque grade des différens bataillons dont les régimens sont composés, & qu'il ne soit réformé que les moins anciens; voulant au surplus Sa Majesté que lesdits Officiers réformés se retirent chez eux, pour être rappelés par préférence, aux emplois qui viendront à vaquer dans les régimens des provinces d'où ils seront.

5.

VEUT bien permettre Sa Majesté aux Colonels des régimens Provinciaux actuellement existans, dans lesquels il se trouvera un bataillon d'augmentation, d'adresser au Secrétaire d'État ayant le département de la guerre, des Mémoires de propositions aux emplois desdits bataillons d'augmentation; se réservant cependant Sa Majesté d'en disposer ainsi qu'Elle le jugera convenable au bien de son service, & pour avoir égard aux dispositions de l'article précédent.

6.

L'INTENTION de Sa Majesté étant de n'employer dans lesdits régimens que des sujets dont le zèle & les talens seront connus, Elle se fera rendre compte de la conduite de ceux qui les composeront, & de leur exactitude à remplir leur devoir.

7.

LES Officiers des régimens de Grenadiers-royaux & des régimens Provinciaux, devant être de la même province que les bas Officiers, Grenadiers & Soldats desdits régimens, seront plus à portée de prendre connoissance, pendant l'intervalle d'une assemblée à l'autre, de la conduite & de l'intelligence desdits bas Officiers & Soldats, pour les employer par la suite utilement & proportionnément à leurs talens: Mais Sa Majesté déclare que si quelques-uns desdits Officiers vouloient profiter de ces circonstances pour exiger des bas Officiers, Grenadiers ou Soldats de leurs régimens, des corvées ou travaux particuliers, sous le prétexte de subordination ou de leur procurer de l'avancement, sur les plaintes qui en seront portées au Secrétaire d'Etat ayant le département de la guerre, & dont Elle se fera rendre un compte exact, Elle fera sur le champ casser l'Officier, de quelque grade qu'il soit, qui se sera rendu coupable d'un pareil abus.

TITRE IX.

Des Crimes & Délits militaires, & des Punitions contre les Déserteurs.

ARTICLE PREMIER.

SA MAJESTÉ voulant expliquer clairement ses intentions sur les différentes peines qui sont prononcées contre les bas Officiers, Grenadiers, Fusiliers & Tambours des régimens de Grenadiers-royaux & des régimens Provinciaux qui se rendront coupables du crime de désertion, a ordonné & ordonne ce qui suit.

2.

TOUS garçons, hommes veufs sans enfans, ou hommes mariés, qui se trouveront dans le cas de tirer au sort, & qui ne comparoîtront point devant les Intendans & Commissaires chargés de la levée, au jour qui aura été indiqué pour tirer, sera contraint à servir dix ans dans les régimens Provinciaux; voulant à cet effet Sa Majesté que lesdits Intendans en tiennent des états exacts pour en faire la recherche, aux frais des communautés.

3.

PERMET Sa Majesté aux garçons ou hommes auxquels

le sort sera échu, de faire la recherche & d'arrêter ceux qui n'auront point comparu pour tirer au sort; son intention étant que lesdits hommes qu'ils présenteront, servent l'espace de dix ans, comme il est expliqué ci-dessus, s'ils sont de taille & de tournure propres au service, & que celui qui les présentera, ne soit plus tenu à servir que trois ans au lieu de six; voulant Sa Majesté que son congé absolu lui soit exactement expédié après ledit temps de trois ans.

4.

VEUT Sa Majesté que tout homme qui aura subi le sort, & qui ayant été présenté & enregistré comme Soldat-provincial, manquera de se rendre au quartier d'assemblée au jour indiqué, à moins d'empêchement valable, qui devra être constaté par un certificat signé du Maire, du Curé & de deux principaux habitans de sa communauté, soit contraint de servir dix ans au-delà des six réglés pour le service desdits régimens Provinciaux.

5.

LES bas Officiers, Grenadiers, Fusiliers & Tambours des régimens de Grenadiers-royaux & des régimens Provinciaux, ne pourront s'absenter, sans congé, desdits régimens lorsqu'ils seront assemblés, soit dans les quartiers, soit dans les garnisons, ou pendant la route que lesdits régimens auroient à faire pour s'y rendre, à peine d'être poursuivis & condamnés aux galères perpétuelles: Veut à cet effet Sa Majesté qu'il en soit dressé sur le champ par le Commandant du régiment, un procès-verbal contenant le signalement desdits bas Officiers, Grenadiers, Fusiliers & Tambours, & le lieu d'où ils auront déserté, pour, sur la représentation dudit procès-verbal, signé dudit Commandant & de deux Sergens ou Soldats qui auront connoissance de la désertion, & sur la plainte de l'Officier-major, être tenu un Conseil de guerre pour juger dans la forme ordinaire, & condamner à ladite peine des galères, ceux desdits Soldats qui auront été arrêtés; & ceux qui n'auront pu l'être, seront jugés par contumace: Les jugemens des uns & des autres seront envoyés au Secrétaire d'Etat ayant le département de la guerre, pour être affichés, sur les ordres qu'il en adressera aux Prevôts des Maréchaussées, dans la place ou lieu principal des paroisses pour lesquelles lesdits Soldats devoient servir.

6.

Si quelque bas Officier ou Soldat, en désertant desdits régimens, voloit & emportoit, soit l'argent ou les effets des autres Soldats, soit le prêt de sa compagnie; veut Sa Majesté qu'il soit puni de mort, suivant la rigueur des Ordonnances.

7.

Sa Majesté voulant que tous les Soldats des régimens Provinciaux, qui s'engageront dans ses troupes, soient rendus exactement auxdits régimens Provinciaux, ordonne qu'ils soient renvoyés sur le champ dans leurs paroisses, aux frais des Officiers ou Recruteurs qui leur auront fait contracter des engagemens, & que lesdits Soldats-provinciaux soient contraints de servir, dans lesdits régimens Provinciaux, dix ans au-delà du terme de six ans réglé pour leur service. Sa Majesté se fera d'ailleurs rendre compte des circonstances desdits engagemens, pour connoître si les Officiers ou Recruteurs ont eu connoissance de l'état desdits Soldats-provinciaux, & les faire punir suivant l'exigence des cas.

8.

Si quelque Soldat-provincial, après s'être engagé une première fois & avoir été renvoyé dans sa paroisse, venoit à contracter un nouvel engagement dans les troupes, Sa Majesté veut qu'il soit arrêté & condamné comme déserteur, aux galères perpétuelles, suivant les dispositions de l'article 5 du présent titre.

9.

VEUT Sa Majesté que tout Soldat-provincial qui s'étant engagé dans ses troupes, en déserteroit, sans retourner dans sa paroisse pour y servir suivant ce qui est réglé par l'article 7 du présent titre, soit poursuivi & jugé comme déserteur de ses troupes, suivant la rigueur des Ordonnances, par le régiment d'où il aura déserté.

10.

TOUS les bas Officiers, Grenadiers, Fusiliers & Tambours des régimens de Grenadiers-royaux & des régimens Provinciaux, seront assujettis aux dispositions de l'Ordonnance du 1.er juillet 1727, concernant les crimes & délits militaires : Ordonne Sa Majesté aux Commissaires des guerres qui auront la police desdits régimens, de faire lecture auxdits Soldats de ladite Ordonnance & des différens articles du présent titre qui seront publiés & affichés, à ce qu'aucun n'en prétende cause d'ignorance.

11.

SA MAJESTÉ voulant que la subordination qui est établie dans ses Troupes, soit observée dans tous les temps, a réglé que, si pendant l'intervalle d'une assemblée à l'autre, quelques bas Officiers, Grenadiers ou Soldats desdits régimens Provinciaux manquoient essentiellement à un Officier, ou un Grenadier & Soldat à un bas Officier, ils soient arrêtés & mis en prison; il en sera rendu compte sur le champ au Secrétaire d'État ayant le département de la guerre, en expliquant le motif qui aura déterminé à faire arrêter lesdits bas Officiers, Grenadiers ou Soldats, afin de juger de la punition qu'ils auront méritée.

TITRE X.

Priviléges & Avantages accordés aux Soldats-provinciaux.

ARTICLE PREMIER.

SA MAJESTÉ voulant bien faire participer les Fourriers, Sergens, Caporaux, Appointés, Grenadiers, Fusiliers & Tambours des régimens des Grenadiers-royaux & des régimens Provinciaux, aux avantages qu'Elle a accordés par son Ordonnance du 16 avril 1771, aux bas Officiers, Cavaliers, Dragons & Soldats de ses Troupes, proportionnément au temps du service desdits Soldats-provinciaux, Elle a réglé ce qui suit.

2.

TOUT bas Officier, Grenadier, Fusilier & Tambour des régimens de Grenadiers-royaux & des régimens Provinciaux, qui s'étant substitué à un autre, suivant les dispositions de l'article 4 du titre VI de la présente Ordonnance, aura fini deux termes de six ans de service dans le même régiment, & qui se substituera de nouveau pour continuer un troisième terme de service de six ans, recevra un sou par jour pendant toute la durée des troisième & quatrième termes de son service.

3.

CEUX qui ayant servi vingt-quatre ans dans le même

régiment, desireront y continuer leurs services pour parvenir à la vétérance, pourront se substituer pour un cinquième terme de six ans, & en commençant ledit cinquième terme, ils jouiront de deux sous par jour de haute-paye pendant la durée dudit terme de six ans.

4.

Ceux qui ayant rempli consécutivement cinq termes de service dans le même régiment, auront acquis la vétérance, & desireront néanmoins continuer leurs services, pourront chaque année sans se substituer, contracter un nouvel engagement pour un an seulement; & indépendamment de la solde attribuée aux grades auxquels ils seront parvenus, ils jouiront pendant tout le temps qu'ils resteront au régiment, d'une haute-paye, qui sera de quatre sous par jour pour les Fourriers & Sergens, & de trois sous pour ceux qui seront dans les grades inférieurs.

5.

Sa Majesté donnera ses ordres pour faire remettre les fonds nécessaires au payement desdites hautes-payes, voulant que le décompte en soit fait à chaque bas Officier, Grenadier & Soldat lors de l'assemblée desdits régimens: Et lorsque Sa Majesté jugera à propos de les faire rendre dans des places, ledit décompte sera fait tous les mois à ceux qui seront présens sous les armes; à l'égard de ceux qui seroient malades ou absens par congé, le décompte leur en sera fait pour le temps de leur absence, aussitôt qu'ils auront rejoint le régiment; l'intention de Sa Majesté étant que ceux qui auront acquis ces hautes-payes, en jouissent en tout temps, même en route, indépendamment de l'étape, & n'en puissent être privés que dans le cas où, sans cause légitime, ils ne rejoindroient pas, soit

soit à l'assemblée, soit à l'expiration des congés limités qui leur seront accordés; voulant Sa Majesté que dans ce cas seulement la retenue desdites hautes-payes leur soit faite pour tout le temps de leur absence.

6.

POUR faciliter le décompte de ces hautes-payes, le Major ou l'Officier chargé du détail, tiendra un état des hommes de chaque classe, présens, qui seront dans le cas de jouir des hautes-payes, lequel état sera signé par le Commandant du régiment & le Major, & visé du Commissaire des guerres qui en aura la police, lesquels seront responsables de son exactitude; ledit état sera fait double & remis à l'Inspecteur, pour être vérifié & approuvé: il sera joint à la revue qu'il doit adresser au Secrétaire d'État ayant le département de la guerre.

7.

SA MAJESTÉ voulant aussi accorder aux anciens bas Officiers, Grenadiers & Soldats des régimens de Grenadiers-royaux & des régimens Provinciaux, les mêmes marques distinctives qu'Elle a établies pour les anciens Soldats de ses autres troupes; Elle a ordonné que tout homme desdits régimens qui aura servi douze ans, & qui s'étant substitué dans le même régiment, aura passé dans la seconde classe, portera, sur le bras gauche un chevron en laine bleue; & que celui qui après avoir servi vingt-quatre ans, se sera substitué dans le même régiment pour passer dans la troisième classe, portera deux chevrons au-dessus l'un de l'autre sur le même bras.

8.

A l'égard des Vétérans, l'intention de Sa Majesté est qu'ils soient distingués par deux épées en sautoir, appliquées en laine de couleur rouge, sur le côté gauche de l'habit; & que lorsqu'ils se retireront, soit aux Invalides, soit chez eux pour y jouir de leur solde entière, ils continuent de porter toute leur vie cette marque distinctive.

9.

SA MAJESTÉ voulant bien que ceux qui auront servi précédemment, puissent participer aux avantages accordés par la présente Ordonnance, a réglé que les Grenadiers de France qui ont été incorporés dans les régimens Provinciaux à leur formation, soient admis dès-à-présent à la haute-paye réglée ci-dessus, s'ils ont les services requis.

10.

LES bas Officiers, Grenadiers & Soldats desdits régimens, qui continueront de servir, seront admis à l'Hôtel royal des Invalides, comme les Soldats des autres troupes, lorsqu'après le terme prescrit par le règlement dudit Hôtel, ils se trouveront hors d'état de continuer leurs services, lesquels seront vérifiés & constatés par l'Inspecteur qui joindra à sa revue les mémoires desdits bas Officiers, Grenadiers & Soldats qui seront dans le cas d'être reçus audit Hôtel, pour être adressés au Secrétaire d'État ayant le département de la guerre.

11.

INDÉPENDAMMENT des avantages réglés par la présente Ordonnance, veut Sa Majesté que les Soldats des régimens Provinciaux, qui se trouveront avoir servi six années, jouissent de l'exemption de taille pendant un an; que ceux desdits Soldats-provinciaux qui se marieront dans le cours de ladite année, aient ce privilége pendant deux années de plus, laquelle exemption aura lieu pour la taille, tant industrielle que personnelle, pour leurs biens propres & pour ceux qui leur viendroient du chef de leur femme; & dans le cas où ils prendroient, pendant ledit temps, des fermes ou exploitations étrangères, ils jouiront pendant une année de plus, de l'exemption de taille, ainsi qu'il est expliqué ci-dessus: Et attendu que ladite exemption pourroit souffrir difficulté dans les provinces où la taille est réelle, ordonne Sa Majesté que les Soldats-provinciaux desdites provinces qui seront imposés à la taille pour raison de leurs biens propres & ceux de leur femme, ne puissent être compris, pendant le temps ci-dessus réglé, dans les rôles des impositions extraordinaires qui se répartissent au marc la livre de la taille.

Veut pareillement Sa Majesté que pendant tout le temps que les Soldats-provinciaux serviront, ils soient exempts de capitation & de la collecte; bien entendu qu'ils ne feront valoir que leurs biens propres.

Les Soldats-provinciaux qui, après avoir fini le terme de leur service dans les régimens Provinciaux, contracteront des engagemens dans les Troupes, jouiront, lorsqu'ils auront obtenu leur congé absolu, de la même exemption de taille & d'imposition ci-dessus accordée.

12.

Il sera délivré par les Intendans, des certificats imprimés à tous ceux desdits Soldats-provinciaux qui seront dans le cas de jouir des exemptions ci-dessus expliquées; & ces certificats ne pourront valoir qu'après qu'ils auront été également signés par les Officiers des villes & communautés, auxquels lesdits Soldats seront tenus de les représenter au moment qu'ils y seront arrivés, & dans la quinzaine au plus tard, du jour de la date que l'Intendant y aura mise: Et ces certificats seront enregistrés *gratis* aux greffes des villes & communautés; les Soldats-provinciaux qui ne se trouveront point porteurs desdits certificats ou qui ne seront pas en état de les représenter ou d'en justifier, devant être privés des exemptions & autres avantages à eux accordés.

13.

L'INTENTION de Sa Majesté est qu'il soit accordé des permissions de se marier à tous les bas Officiers, Grenadiers & Soldats des régimens de Grenadiers-royaux ou des régimens Provinciaux qui les demanderont, en prenant toutefois connoissance des circonstances où ils se trouveront.

14.

LES bas Officiers, Grenadiers & Soldats desdits régimens, auront la liberté d'aller travailler où ils voudront pendant que leurs régimens ne seront pas assemblés; à la charge de se représenter toutes les fois que Sa Majesté jugera convenable au bien de son service, d'indiquer une nouvelle assemblée; à l'effet de quoi ils seront tenus de déclarer l'endroit où ils voudront aller, aux Maire, Échevins, Consuls, Syndics ou Marguilliers de leur paroisse, qui leur en délivreront une permission par écrit, laquelle leur servira de passeport dans les différens lieux du royaume qu'ils auront à traverser. Lesdits Soldats seront également tenus d'informer lesdits Maire & Échevins des lieux où ils se rendront, s'ils changent leur première destination, pour en obtenir un nouveau passeport. Ordonne Sa Majesté auxdits Maire & Échevins d'envoyer aux Subdélégués un état des Soldats auxquels ils auront accordé lesdites permissions, pour que lesdits Subdélégués puissent les faire passer aux Intendans, qui en tiendront des états pour y avoir recours au besoin.

15.

VEUT Sa Majesté que la présente Ordonnance soit ponctuellement & exactement suivie; dérogeant à cet effet à toutes Ordonnances, Édits, Déclarations, arrêts & décisions précédemment rendus, concernant les Milices ou les régimens de Grenadiers-royaux & provinciaux, en tout ce qui se trouvera contraire à la présente.

MANDE & ordonne Sa Majesté aux Gouverneurs & ses Lieutenans généraux en ses provinces, au Lieutenant général de Police de la ville de Paris, pour ce qui concerne le régiment de ladite ville; aux Intendans des provinces du royaume, de s'employer chacun à leur égard, à l'exacte observation de la présente Ordonnance: Ordonne aussi Sa Majesté aux Gouverneurs & Commandans de ses villes & places, aux Commissaires des guerres, & à tous Baillis, Sénéchaux, Prevôts, Juges, leurs Lieutenans & autres ses Officiers qu'il appartiendra, de tenir la main à ladite exécution.

FAIT à Fontainebleau le dix-neuf octobre mil sept cent soixante-treize. *Signé* LOUIS. *Et plus bas*, MONTEYNARD.

A PARIS, DE L'IMPRIMERIE ROYALE. 1773.

19. Octobre 1773.

TROUPES PROVINCIALES.

Année 177

N.° 1.er

GÉNÉRALITÉ D

Subdélégation d

Paroisse d

ÉTAT *des Garçons & Hommes veufs sans enfans, sujets au sort pour les Troupes Provinciales.*

NOMS DE BAPTÊME & de Famille.	ÂGE.	TAILLE, Pieds.	Pouces	Lignes	LIEUX de leur NAISSANCE.	*OBSERVATIONS* où l'on portera leurs VACATIONS.
			Présens.			
François Leblanc..	18 ans.	5.	2.	2.	de Saumur en Touraine..	Charron.
Louis Legrand......	29.....	5.	7.	6.	de cette Paroisse.	Valet d'Ecclésiastique.
Jacques Breton......	21.....	5.	1.	3.	*Idem*	Journalier.
TOTAL. . . . 3 Garçons.						
			Absent.			
Louis Dubon. . . .	22.....	"	"	"	De Meaux, généralité de Paris.	Valet du sieur Gentilhomme, absent depuis le du mois d de cette année.

Nota. Cet État est en supposition de Noms, de Nombre, de lieux de Naissance, &c.

Année 177

GÉNÉRALITÉ D

Subdélégation d

Paroisse d

ÉTAT des Garçons & Hommes veufs sans enfans, qui prétendent avoir des motifs d'exemption.

NOMS [D]E BAPTÊME & de Famille.	ÂGE.	TAILLE, Pieds.	Pouces.	Lignes.	LIEUX de leur NAISSANCE.	OBSERVATIONS où l'on portera les motifs de leur exemption.
		Présens.				
[P]aul Lenoir	20 ans.	5.	4.	3.	Corbeil, généralité de Paris.	Fils de Laboureur âgé de 65 ans, ayant une charrue.
[J]acques Loiseau. . .	22. . . .	5.	5.	"	De cette Paroisse.	Valet faisant le détail de la ferme de la veuve Leroux, d'une charrue.
[J]oseph Lebrun. . . .	19. . . .	5.	6.	"	*Idem*	Valet d'Ecclésiastique.
[G]eorge Lebœuf. . . .	19. . . .	5.	6.	"	*Idem*	Valet de Gentilhomme.
TOTAL. . . . . 4 Garçons.						
		Absens.				
[J]oseph Thiery.	22. . . .	"	"	"	De cette Paroisse.	Domestique du sieur , absent par maladie, suivant le certificat du Chirurgien du lieu.

Nota. Cet état est en supposition de Noms, de Nombre, de lieux de Naissance, & de motifs.

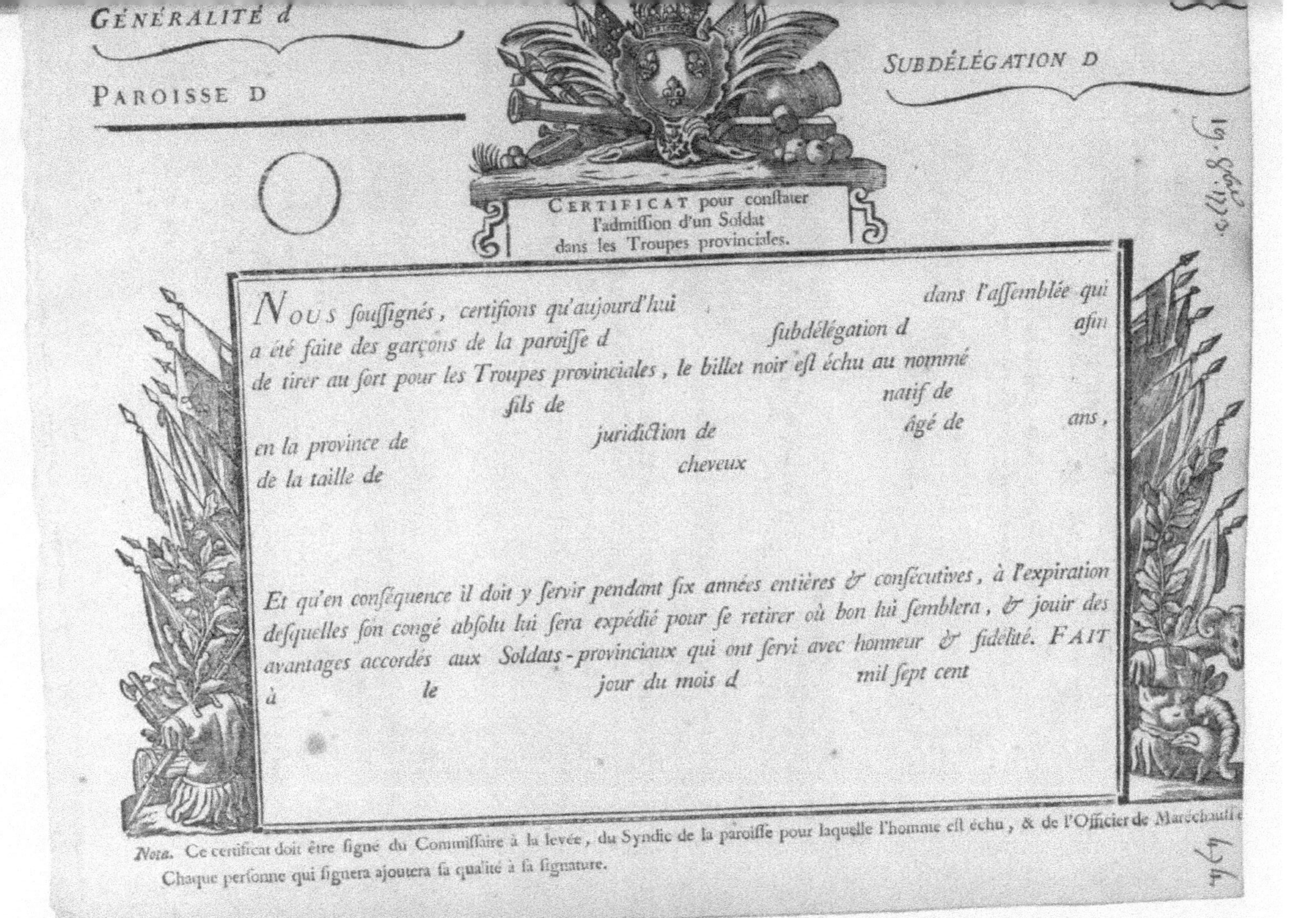

GÉNÉRALITÉ d

PAROISSE D

SUBDÉLÉGATION D

19. 8bre 1773.

CERTIFICAT pour constater l'admission d'un Soldat dans les Troupes provinciales.

NOUS soussignés, certifions qu'aujourd'hui dans l'assemblée qui a été faite des garçons de la paroisse d subdélégation d afin de tirer au sort pour les Troupes provinciales, le billet noir est échu au nommé fils de natif de en la province de juridiction de âgé de ans, de la taille de cheveux

Et qu'en conséquence il doit y servir pendant six années entières & consécutives, à l'expiration desquelles son congé absolu lui sera expédié pour se retirer où bon lui semblera, & jouir des avantages accordés aux Soldats-provinciaux qui ont servi avec honneur & fidélité. FAIT à le jour du mois d mil sept cent

Nota. Ce certificat doit être signé du Commissaire à la levée, du Syndic de la paroisse pour laquelle l'homme est échu, & de l'Officier de Maréchaussée. Chaque personne qui signera ajoutera sa qualité à sa signature.

474

19. Octobre 1773 N. 4 475.

GÉNÉRALITÉ D

Subdélégation d

Paroiſſe d

L'AN mil ſept cent
le jour du mois d
Nous

Subdélégué de l'Élection d Commiſſaire nommé pour, en exécution de l'Ordonnance du Roi du & des ordres à nous adreſſés par M. Intendant en ladite généralité, procéder à la levée d Soldats-provinciaux, par la voie du ſort, entre les Garçons & Hommes veufs ſans enfans, d Paroiſſe d nous les avons fait aſſembler à où les Maire, Échevins, Syndics, Marguilliers, nous ont remis l'état général deſdits Garçons ou Hommes veufs ſans enfans, certifié d'eux & contenant leur âge, leur taille & leur vacation, & en avons fait l'appel pour reconnoître ſi tous étoient préſens, & ſur ce que les nommés

quoiqu'appelés à différentes fois n'ont pas comparu, nous les avons déclarés fuyards, & comme tels Soldats-provinciaux de droit, pour ſervir à la décharge d'un pareil nombre de Soldats-provinciaux éclus au ſort.

Après l'appel fait des préſens, nous avons trouvé que le nombre s'eſt monté à cent cinquante hommes.

Et ayant procédé enſuite à l'examen de ceux qui ſe ſont prétendus exempts de tirer, ſoit en vertu des privilèges accordés par le Titre V de l'Ordonnance du Roi du 19 octobre 1773, ſoit par des infirmités ou défaut de taille, nous avons trouvé dans le cas d'être renvoyés :

SAVOIR;

Par exemption. . . . . 22.
Par infirmités. . . . . 20.
Par défaut de taille. . . . . 28.

TOTAL. . . . . 70.

Qui ont été renvoyés sur le champ dans leur Paroisse; au moyen de quoi il n'est resté pour tirer au sort que quatre-vingts Garçons ou Hommes veufs sans enfans, dont nous avons dressé un état particulier dans l'ordre duquel ils ont été appelés pour tirer.

Et le sort est échu

au nommé

Mettre ici son signalement & la somme qu'il aura reçue de la cotisation.

& au nommé

Lesquels nous avons déclarés Soldats-provinciaux pour servir à la décharge d dite Paroisse d pendant six années dans le Régiment provincial d

Et du tout avons dressé notre présent Procès-verval dont il a été fait trois expéditions, ainsi que des États particuliers des Hommes reconnus propres à tirer, de ceux qui n'ont point été admis au tirage par exemption, infirmités ou défaut de taille; l'un pour être adressé au Secrétaire d'État ayant le département de la guerre, le second pour être remis à M. l'Intendant, & le troisième sera déposé au greffe de la Subdélégation.

FAIT & arrêté par Nous Commissaire à la levée, les jour, mois & an que dessus, en presence des soussignés.

Nota. Chaque personne qui signera, ajoutera sa qualité à sa signature.

Ce Procès-verbal est fait en supposition de nombre.

19. Octobre 1773. N. 5. 476

GÉNÉRALITÉ D

Subdélégation d

Nota. Cet état est fait en supposition de nombre.

ÉTAT *général & numéraire des Garçons & Hommes veufs sans enfans, inscrits sur les États particuliers qui ont été fournis par les Syndics des Paroisses de cette Subdélégation.*

CLASSES.	NOMBRE DES HOMMES.					
	INSCRITS sur les États des Syndics.	RENVOYÉS pour infirmités ou par défaut d'âge ou de taille.	ABSENS.	EXEMPTS en vertu de l'Ordonnance	QUI ont tiré au sort.	À qui le sort est échu.
VALETS d'Ecclésiastiques, y compris le haut Clergé, Maisons Religieuses, régulières ou séculières.	5	6.	4.	30.	10.	76.
VALETS d'Officiers des Troupes....	80.	7.	3.	65.	5.	
Tous autres Sujets qui ne sont point dans les cas d'exemptions, expliqués par le Titre V de l'Ordonnance du 19 octob. 1773.	1815.	151.	59.	100.	1505.	
	1945.	164.	66.	195.	1520.	

SUR les 1520 Hommes qui ont tirés au sort, il en a été levé à raison d'un sur 20 .... 76.

DANS le nombre des 195 exempts, il y en a 70 pour chacun desquels il a été payé cinq livres, ce qui monte à .... 350 ₶

LES 76 Hommes à qui le sort est échu, ont reçu des cotisations :

SAVOIR,

20 Garçons ont reçu chacun............. 180 ₶
15 ont reçu chacun.................... 120.
20 ont reçu chacun.................... 100.
21 ont reçu chacun.................... 48.
&c.

76.

Nota. Les Subdélégués ajouteront à la suite de cet État, les noms des Hommes absens, avec les indications qui pourront contribuer à en faciliter la recherche.

CERTIFIÉ *véritable & exactement conforme aux États qui nous ont été remis par les Syndics des Paroisses de notre Subdélégation.* Signé *Subdélégué.*

RÉGIMENT PROVINCIAL
d

N.° 6.

GÉNÉRALITÉ d
SUBDÉLÉGATION d

Approuvé par nous
chargé de l'inspection dudit régiment

CONGÉ ABSOLU
pour substitution.

19. Octobre 1773.

Nous soussignés, certifions à tous ceux qu'il appartiendra, avoir donné congé absolu au nommé Soldat-provincial de la levée de 177 , pour la paroisse d élection d âgé de ans, taille de cheveux

lequel a remis à la Caisse du régiment, la somme de Cent livres, pour être employée au payement de l'engagement d'un homme pour servir à sa place; Et conformément à l'article 9 du titre VI de l'Ordonnance du Roi du 19 octobre 1773, nous avons admis à servir à la place dudit le nommé de la paroisse d élection d généralité d âgé de ans, taille de cheveux

à qui il a été remis la somme de Cent livres, au moyen de laquelle il a contracté un engagement pour servir pendant six années entières & consécutives; & à l'expiration de ce temps, il lui sera expédié un congé absolu. FAIT *à le jour du mois d mil sept cent*

Vu par nous COMMANDANT

Vu par nous COMMISSAIRE *des guerres.*

Certifié par nous MAJO[R]
dudit régiment.

19. Octobre 1773.

N.° 7.

ASSEMBLÉE de 177
indiquée à
le du mois d

RÉGIMENT PROVINCIAL D
Composé d Bataillons.

Nota Cet état est fait en supposition de nombre.

CE Régiment lors de sa séparation, après l'Assemblée de 177 , étoit composé de . . . . 644 Hommes.

SURNUMÉRAIRES renvoyés au commencement de l'Assemblée de 177 , & qui se sont représentés à celle-ci . . . . 42.

LEVÉE de 177 . . . . 296.

TOTAL. . . . . 982, dont

12 Grenadiers de France.

VUIDE de l'année, & Opération de la Revue de 1774.

	Grenadiers de France.	DES LEVÉES DE 1766.	1767.	1768.	1769.	1774.	
Morts	″	1	4	7	1	2	372.
Désertés	″	2	3	8	1	″	
Absens	″	2	1	7	2	20	
Condamnés aux galères	″	″	2	1	″	″	
Remis à la Justice ordinaire	″	″	1	″	″	″	
Réformés	″	1	″	1	2	30	
Congés d'ancienneté	2	″	2	269	″	″	
	2.	6.	13.	293.	6.	52.	

Ce Régiment est resté après l'Assemblée de 1774, composé de . . . . 610, dont

10 Grenadiers de France.

SAVOIR;

12 Hommes de la levée de 1766, dont quatre rentrés en 1773, pour y servir deux années de plus, & huit pendant dix ans.
12 de la levée de 1767 qui doivent servir dix années de plus.
16 de la levée de 1768, *idem.*
300 de celle de 1769, à congédier en 1775.
260 de celle de 1774, à congédier en 1780.
10 Grenadiers de France.

610 Hommes.

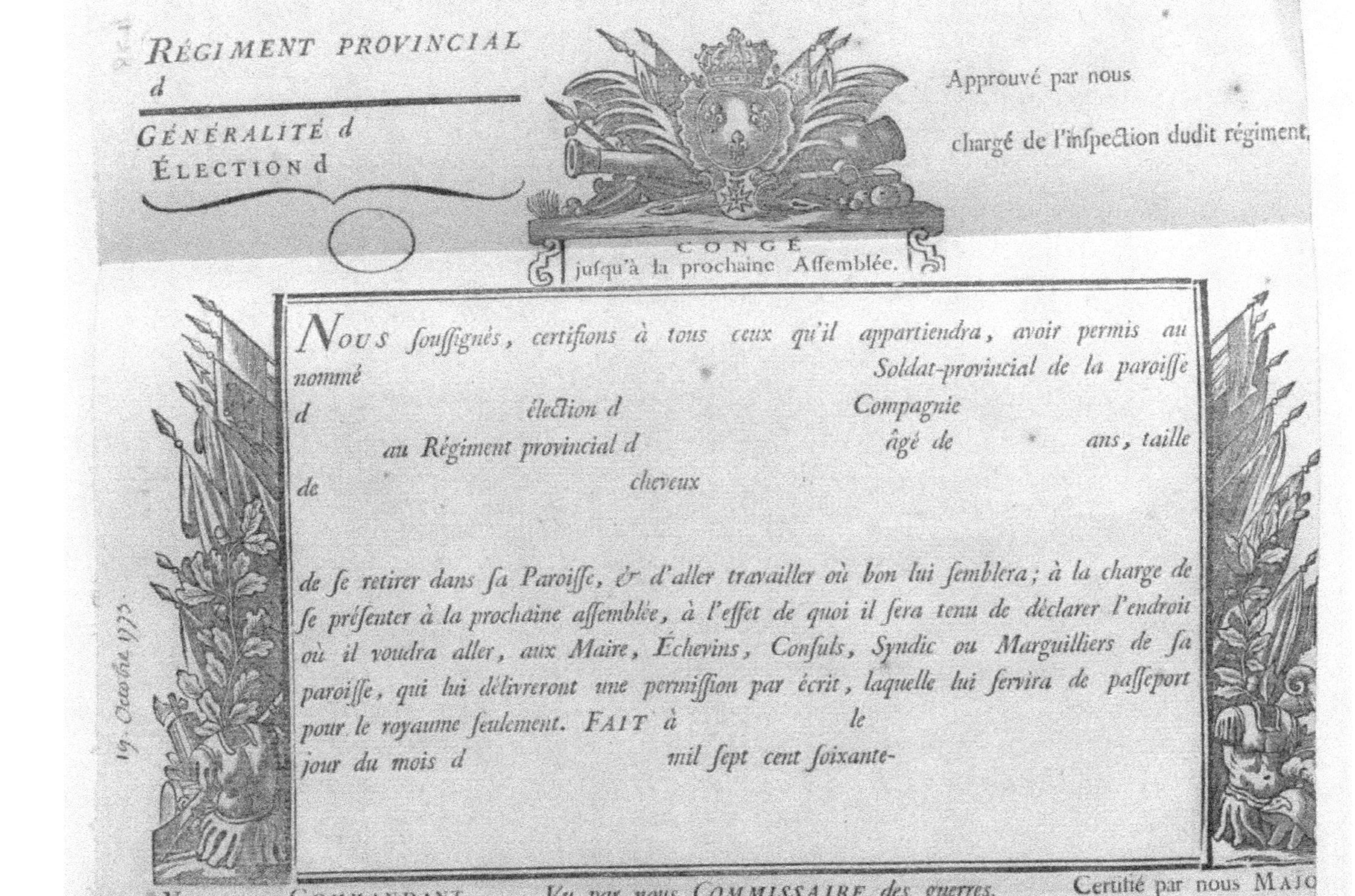

RÉGIMENT PROVINCIAL
d

GÉNÉRALITÉ d
ÉLECTION d

CONGÉ
jusqu'à la prochaine Assemblée.

Approuvé par nous
chargé de l'inspection dudit régiment.

Nous soussignés, certifions à tous ceux qu'il appartiendra, avoir permis au Soldat-provincial de la paroisse nommé
d élection d Compagnie
au Régiment provincial d âgé de ans, taille
de cheveux

de se retirer dans sa Paroisse, & d'aller travailler où bon lui semblera ; à la charge de se présenter à la prochaine assemblée, à l'effet de quoi il sera tenu de déclarer l'endroit où il voudra aller, aux Maire, Échevins, Consuls, Syndic ou Marguilliers de sa paroisse, qui lui délivreront une permission par écrit, laquelle lui servira de passeport pour le royaume seulement. FAIT *à le*
jour du mois d mil sept cent soixante-

19. Octobre 1773.

Vu par nous COMMANDANT dudit régiment.

Vu par nous COMMISSAIRE *des guerres.*

Certifié par nous MAJO[R] dudit régiment.

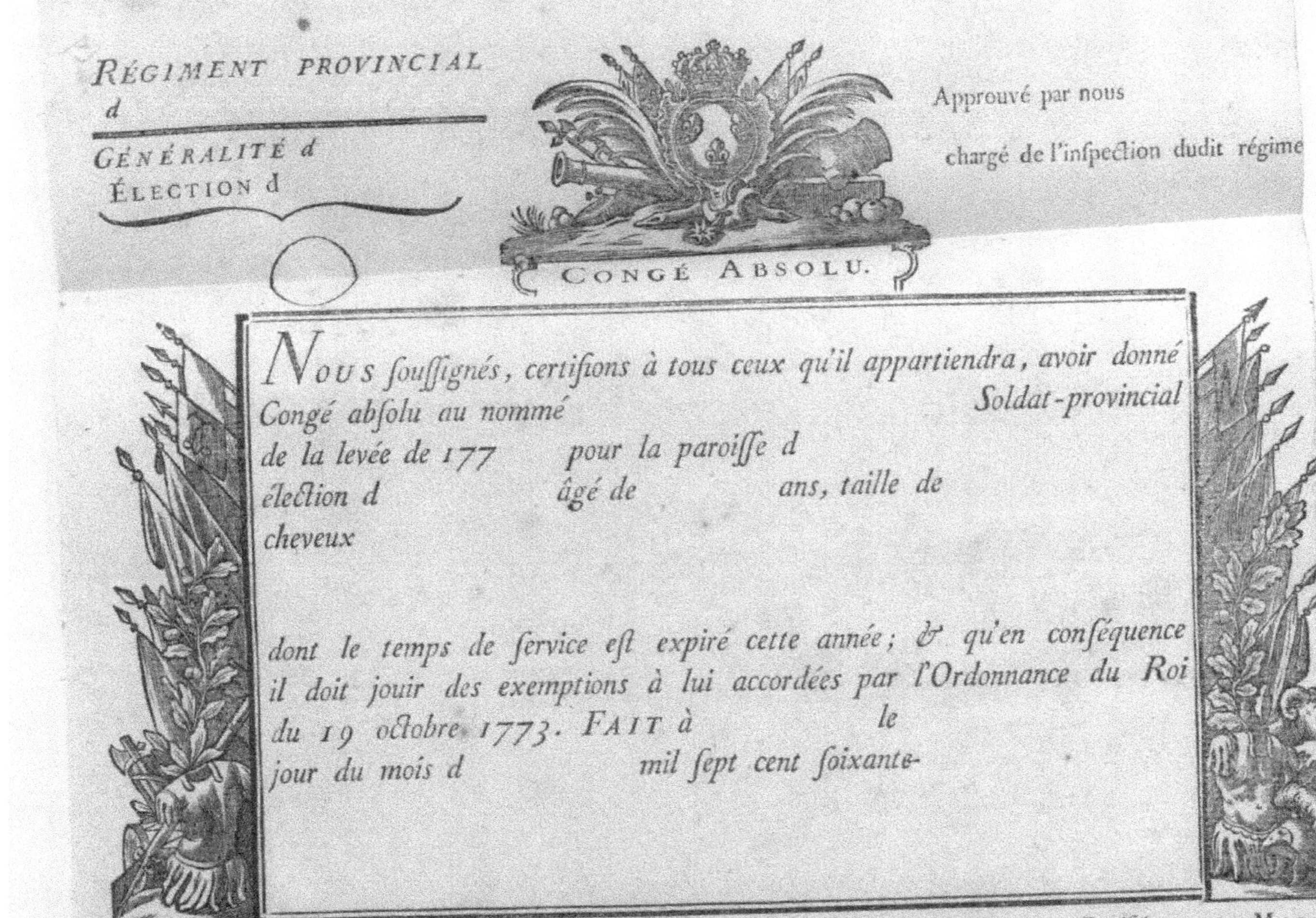

RÉGIMENT PROVINCIAL
d

GÉNÉRALITÉ d
ÉLECTION d

CONGÉ ABSOLU.

Approuvé par nous

chargé de l'inspection dudit régime

NOUS soussignés, certifions à tous ceux qu'il appartiendra, avoir donné Congé absolu au nommé Soldat-provincial de la levée de 177 pour la paroisse d élection d âgé de ans, taille de cheveux

dont le temps de service est expiré cette année; & qu'en conséquence il doit jouir des exemptions à lui accordées par l'Ordonnance du Roi du 19 octobre 1773. FAIT à le jour du mois d mil sept cent soixante-

Vu par nous COMMANDANT

Vu par nous COMMISSAIRE des guerres.

Certifié par nous MAJO
dudit régiment

www.ingramcontent.com/pod-product-compliance
Ingram Content Group UK Ltd.
Pitfield, Milton Keynes, MK11 3LW, UK
UKHW021554260726
13993UKWH00002B/840

9 782329 263984